Verena

rowohlts monographien
begründet von Kurt Kusenberg
herausgegeben
von Wolfgang Müller und Uwe Naumann

Johannes der Evangelist

mit Selbstzeugnissen
und Bilddokumenten
dargestellt von
Johannes Hemleben

bildmono rororo graphien

Rowohlt

Hinrich Bosse und Harro Rückner zum 70. Geburtstag

Dieser Band wurde eigens für «rowohlts monographien» geschrieben
Den Anhang besorgte der Autor
Herausgeber: Kurt Kusenberg · Redaktion: Beate Möhring
Schlußredaktion: K. A. Eberle
Umschlaggestaltung: Werner Rebhuhn
Vorderseite: Der Evangelist Johannes. Handschrift aus dem 2. Viertel des 12. Jahrhunderts (Musée de la Société archéologique, Avesnes)
Rückseite: Die Meerfahrt des Lazarus nach Marseille. Linker Flügel des Magdalenen-Altars in Tiefenbronn (Bildarchiv Foto Marburg)

Veröffentlicht im Rowohlt Taschenbuch Verlag GmbH,
Reinbek bei Hamburg, Dezember 1972

Satz Aldus (Linofilm-Super-Quick)
Gesamtherstellung Clausen & Bosse, Leck
Printed in Germany
ISBN 3 499 50194 5

11. Auflage Oktober 2000

Inhalt

Der Evangelist Johannes. Skulptur aus Holz, Ende des 15. Jahrhunderts. Zürich, Landesmuseum

VORWORT

Eine Monographie über Johannes den Evangelisten im üblichen Sinne zu schreiben ist ein unmögliches Unterfangen. Denn schon die Frage: Wer ist dieser Johannes, den man den Evangelisten nennt, weil das vierte Evangelium im Neuen Testament seinen Namen trägt? – sie kann mit der Methode sorgfältiger und kritischer Prüfung aller bekannten historischen Daten nicht beantwortet werden. Nur in einem Punkt herrscht Übereinstimmung: er war der «Apostel», den der Schreiber des Evangeliums den «Lieblingsjünger des Herrn» nennt. Wer aber ist dieser? Ist er der Jünger Johannes, der Bruder des Jakobus und Sohn des Zebedäus, der als Fischer am See Genezareth lebte? Kann dieser identisch mit dem Schreiber des Evangeliums und der drei Johannes-Briefe sein, die als letzte der Briefe dem Neuen Testament zugefügt sind? Vor allem aber: Ist der Evangelist zugleich der Verfasser der Apokalypse, der seine Offenbarung auf der Insel Patmos empfing? Ist dieser wieder identisch mit dem Presbyter Johannes, der in Ephesus lebte und in die Geschichte des Urchristentums einging? Fragen über Fragen, deren Beantwortung zu allen Zeiten des Christentums versucht, die aber nicht zufriedenstellend gelöst wurden.

Wenn der Verfasser dieser Studie trotzdem das Wagnis einer Johannes-«Biographie» unternimmt, so geschieht es in dem Bewußtsein, daß es für das Christentum im 20. Jahrhundert kaum eine wichtigere Frage gibt als die nach dem Wesen und Geist des «Johanneischen». Denn so rätselvoll und unfaßbar die Individualität auch erscheint, die sich hinter dem Namen «Johannes» verbirgt, so eindeutig ist der Geist des Johannes, der aus den drei Urkunden spricht: aus der Apokalypse, den Briefen und dem vierten Evangelium. Durch ihn wird ergänzt und vollendet, was die drei anderen Evangelisten: Matthäus, Markus und Lukas begonnen haben. In der christlichen Theologie nennt man diese drei die Synoptiker, das heißt die Zusammenschauenden. Wenn auch ihre Evangelien gelegentlich abweichend voneinander berichten, so ergeben sie doch zu dritt eine harmonische Zusammenschau: eine Synopsis. Demgegenüber ist die Reichweite des Johannes ungleich umfassender. Es ist, als ob er von einem höheren Berg auf die gleiche Landschaft blickt, in der die Synoptiker zu Hause sind. Aber sein Horizont ist wesentlich erweitert. Trotzdem bringt Johannes uns in eine solche Nähe zu den Ereignissen, als ob er selbst stets unmittelbar dabei gewesen sei und nichts aus dritter Hand empfangen habe. Dennoch ist sein Blick nicht nur rückwärts gewandt auf das, was etwa in den Jahren 30 bis 33 in Palästina geschah, sondern gleichzeitig auf die Zukunft gerichtet. Eine Zukunft, die auch heute noch die unsere ist. Mögen viele Werte der christlichen Tradition der Vergangenheit angehören und unwiderruflich dahin sein: Das johanneische Christentum wartet auch heute noch auf Verständnis und Erfüllung.

Darum sei das Wagnis unternommen, eine «Biographie» des Menschen zu skizzieren, dessen Geist noch nach fast zweitausend Jahren so überaus kraftvoll zu sprechen vermag.

JOHANNES DER TÄUFER

Das Leben Jesu Christi auf Erden wird eingerahmt durch das Wirken der beiden Johannes: durch den Täufer und durch den Evangelisten. Der erste ist Wegbereiter und Vorläufer, der zweite – in einem anderen Sinne als Petrus – Nachfolger und Sendbote für die Zukunft.

Die überragende Bedeutung des Täufers war es, daß er, der sich selbst als «Stimme eines Rufers in der Wüsteneinsamkeit» empfand, vor allen Jüngern die überzeitliche Mission des Jesus von Nazareth erkannte. Dieses Erkennen leitete ihn bei der Tauf-Handlung am Jordan: *Siehe, das Lamm Gottes, das der Welt Sünde auf sich nimmt.* Man muß alles von Kindheit an Gewohnte vergessen können und sich dieser Imagination unbefangen – als nehme man sie zum erstenmal wahr – stellen können. Dann vermag man die ungewöhnliche Erkenntnis-Leistung des Täufers, die in dem Bilde des Lammes zum Ausdruck kommt, zu würdigen. Er erfaßt die Substanz des ihm begegnenden Menschen Jesus und zugleich des kommenden Christusereignisses in dem einen Signum: *Gottes Lamm.*[1*] Dieses Bildwort sagt mehr als jeder noch so spirituelle Begriff: Kein neues Prophetentum, keine neue Weisheitslehre, sondern Opfer und Selbsthingabe ist das Wesen dessen, der das Christentum auf Erden gründet und dem der Täufer den Dienst der Geburtshilfe leistet. An keiner Stelle des Neuen Testaments wird dies so eindeutig ausgesprochen wie im 1. Kapitel des Johannes-Evangeliums.

So verschieden die beiden Träger des Namens Johannes, der Täufer und der Evangelist, ihrem Wesen und ihrer Wirkung nach gewesen sein müssen, ist doch nicht von der Hand zu weisen, daß sie in der Jugend einander nahegestanden haben. Vielleicht waren sie beide vorübergehend Freunde des Essäer-Ordens und sind sich schon früh in der gemeinsamen Messias-Erwartung begegnet.

Die Darstellung, die der Evangelist von dem Täufer gibt, bekundet ein intimes Verständnis für dessen weltgeschichtliche Stellung. Es ist der Geist johanneischer Bescheidenheit, der aus dem Täufer spricht, wenn er von sich selber sagt: *Ihr könnt es mir bezeugen, daß ich sagte: ich bin nicht der Christus, sondern ein Abgesandter vor ihm her. Das bin ich. Wer die Braut hat, der ist der Bräutigam, der Freund aber des Bräutigams, der da steht und ihm zuhört, freut sich hoch über die Stimme des Bräutigams. Diese meine Freude ist nun erfüllt. Jener muß wachsen, ich aber muß abnehmen. Der von oben her kommt, ist über allen; der von der Erde stammt, ist von der Erde und spricht nur im irdischen Sinne. Der vom Himmel kommt, der bezeugt, was er geschaut und gehört hat . . .*[2]

* Die hochgestellten Ziffern verweisen auf die Anmerkungen S. 142 f.

Es sei auch darauf aufmerksam gemacht, daß der Evangelist die erste Hälfte seines Evangeliums mit dem Hinweis abschließt: *Jesus ging wieder dorthin jenseits des Jordan, wo Johannes früher gewesen war zum Taufen, und hielt sich dort auf. Viele kamen zu ihm und sagten: Johannes hat keine Zeichen getan, aber alles, was uns Johannes von diesem – Jesus von Nazareth – sagte, das war wahr.*[3] Darauf folgt die Auferweckung des Lazarus. Eine solche Verknüpfung von zwei Ereignissen geschieht bei dem Evangelisten nicht willkürlich. Er teilt in seiner Art mit, daß zwischen dem Ende der Wirksamkeit des Täufers und der Erweckung des Lazarus ein innerer Zusammenhang besteht, den der Leser selbst ergründen muß.

Auch gibt es Bilder, auf denen die drei kleinen Knaben miteinander spielen: Jesus, der Sohn der Maria, Johannes, der Sohn der Elisabeth, und der Evangelist als Kind. Der Maler will offenkundig damit andeuten, daß diese drei schon in der Kindheit miteinander verbunden waren. Selbstverständlich ist damit kein historischer Beweis gegeben, daß dem so war. Aber es ist auch nicht unmöglich.

Lamm, zwischen den Symbolen der vier Evangelisten. Schule von Rimini, um 1300

Johannes der Täufer. Athen, Byzantinisches Museum

Die beiden Johannes. Gemälde von Albrecht Altdorfer. Links: der Evangelist, rechts: der Täufer (Ausschnitte). Alte Pinakothek, München

DER JÜNGER JOHANNES, SOHN DES ZEBEDÄUS

Ehe wir uns dem Evangelisten Johannes zuwenden, muß sein Verhältnis zu dem Jünger, der den gleichen Namen trug, zu Johannes, dem Sohn des Zebedäus, geklärt werden. Dies ist um so wichtiger, als in der christlichen Tradition bis in die Gegenwart[4] hinein beide zumeist als eine Person genommen werden. Viel theologischer Scharfsinn, besonders seit der Zeit der Aufklärung, ist aufgebracht worden, um die These von der Einheit der beiden Johannes wenn nicht zu beweisen, so doch möglichst glaubwürdig erscheinen zu lassen.

Das älteste Dokument, das über die beiden Johannes Aussagen macht, stammt von Papias von Hierapolis (um 85). Doch kennen wir es nur indirekt aus dem dritten Band der Kirchengeschichte des Eusebius. Dort lautet der Text: «Kam einer, der den Presbytern gefolgt war, dann erkundigte ich mich nach den Lehren der Presbyter und fragte: ‹Was sagte Andreas, was Petrus, was Philippus, was Thomas oder Jacobus, was Johannes oder Matthäus oder irgendein anderer von den Jüngern des Herrn? Und was sagen Aristion und der Presbyter Johannes, die Jünger des Herrn?› Denn ich war der Ansicht, daß aus Büchern geschöpfte Berichte für mich nicht denselben Wert haben können, wie die Worte frischer, noch lebender Stimmen.» Eusebius ergänzt diesen Bericht des Papias: «Der soeben von uns zitierte Papias gesteht, die Lehren der Apostel von deren Schülern empfangen und Aristion sowie den Presbyter Johannes persönlich gehört zu haben.»

Hiernach kann es keinem Zweifel unterliegen, daß Papias zwei «Jünger des Herrn» unterscheidet, die beide den Namen Johannes tragen: Johannes, der zum Kreis der Zwölf gehörte, und jenen «Presbyter» Johannes, den er als bekannt voraussetzt. Während der erste für ihn der Vergangenheit angehört – «er sagte» –, scheint der zweite noch als Zeitgenosse des Papias gelebt zu haben – «er sagt». Doch auch ihn bezeichnet er ausdrücklich als «Jünger des Herrn».

Ein zweites naheliegendes Argument gegen die Identität des Zebedäus-Sohnes mit dem Autor der Johannes-Schriften liegt in der Herkunft des ersteren. Wir erfahren, daß er ein Fischer vom See Genezareth war. Das Johannes-Evangelium, um nur dieses zu nennen, verrät aber durch Stil und Inhalt eine ungewöhnlich hohe Bildung, Meisterung der griechischen Sprache und Kenntnis philosophischer Probleme. Bei aller Ergriffenheit durch seinen Herrn und Meister ist es schwer vorstellbar, daß ein einfacher Fischer, der sicherlich nie eine Schule besuchte, ein solches Meisterwerk der Inspiration auffangen und niederschreiben konnte. Ist es denkbar, daß der grandiose Prolog mit seiner Logos-Lehre einem Mann gelingen konnte, der sich nie mit griechischer Philosophie befaßt hat? Der Einwand liegt nahe, der nach der Apostelge-

Heilige Familie mit den drei Kindern Johannes (Evangelist), Jesus und Johannes (Täufer). Gemälde von Bernard van Orley (?). San Francisco, Privatbesitz

schichte[5] schon von den Obersten, Ältesten und Schriftgelehrten angesichts der Taten des Petrus und Johannes Zebedäi erhoben wurde: «... denn sie waren sich dessen gewiß, daß es ungelehrte Leute und Laien [agrammatoi und idiotai] waren.» Jedenfalls ist eine Entwicklung vom galiläischen Fischer zum treuen und begeisterten Anhänger und Verkünder der neuen Botschaft ungleich leichter denkbar als die zum Verfasser des vierten Evangeliums, der Briefe und der Apokalypse. Auf Grund dieser Schriften allein würde wohl niemand eine andere Gleichheit der beiden Johannes als die des Namens vermuten.

Der Evangelist Johannes. Lektionar von der Reichenau, 10. Jahrhundert. Wolfenbüttel, Herzog-August-Bibliothek

Nach alter Überlieferung ist der Zebedäus-Sohn Johannes wie sein Bruder Jakobus den Märtyrertod gestorben, während der ephesinische Johannes im hohen Greisenalter – «über hundert Jahre alt» – starb. Beide Angaben wurden im Laufe der Jahrhunderte anerkannt oder lebhaft bestritten.

Überzeugender noch als die bisher angeführten Gründe erscheint das Folgende. Nach der Berufung des Bruderpaares Petrus und Andreas teilen Matthäus und Markus mit fast gleichem Wortlaut mit: «Und da Er von dort weiter ging» (am Uferstrand des Galiläischen Meeres) «sah er zwei andere Brüder, Jacobus, den Sohn des Zebedäus, und Johannes, seinen Bruder, im Schiff mit ihrem Vater, wie sie ihre Netze flickten; und er rief sie. Sofort verließen sie das Schiff und ihren Vater und folgten ihm nach.»[6]

Von diesem Zeitpunkt an bilden diese vier Erstberufenen den inneren Kreis – wir würden sagen: den Führungskreis – für die zwölf Jünger. Diese Rangordnung findet sich auch in den sogenannten Apostelkatalogen: Matthäus 10,2–4, Markus 3,16–19, Lukas 6,13–16. Hier werden alle zwölf Jünger mit Namen genannt, Petrus stets als erster. Es folgen dann bei Matthäus und Lukas: Andreas, Jakobus und Johannes. Markus setzt Andreas an die vierte Stelle, so daß Jakobus und Johannes den zweiten und dritten Platz einnehmen. An fünfter Stelle folgt immer Philippus.

Eine weitere Besonderheit vermittelt Markus: die Zebedäus-Söhne erhalten den zusätzlichen Namen Bnehargem = Söhne des Donners[7] – so wie Simon den Namen Petros = Felsen erhält.

Im weiteren Verlauf der Evangelien werden eine Reihe von Situationen berichtet, an denen außer Jesus nur die intimsten drei oder vier Jünger teilnehmen dürfen:

Heilung der Schwiegermutter des Petrus[8]
Auferweckung des Töchterleins des Jairus.
Auf dem Berg der Verklärung
Auf dem Ölberg
In Gethsemane.

Fünf äußerst bedeutsame Ereignisse im Leben Jesu Christi, zugleich aber auch fünf tiefgreifende Erlebnisse der drei bzw. vier Jünger! Der Jünger Johannes, der Sohn des Zebedäus, war immer dabei. Wenn er identisch wäre mit Johannes dem Evangelisten: hat man dann irgendeine Erklärung dafür, daß sich im vierten Evangelium nicht ein Wort von alldem findet, was die Synoptiker über die fünf Begebenheiten berichten? Diese Frage muß verneint werden. Wenn die beiden Johannes ein und dieselbe Person gewesen wären, hätte der Evangelist diese seine eigenen unmittelbaren Erlebnisse nicht verschwiegen.

Selbst wenn es keine anderen Argumente für die Verschiedenheit der beiden Johannes gäbe, reichte doch dieser Tatbestand allein für eine klare Unterscheidung des Zebedäus-Sohnes vom Evangelisten aus: sie sind zwei Männer von völlig verschieden geartetem Wesen und Schicksal.

Johannes der Evangelist hat das vierte Evangelium aus einer grundsätzlich anderen geistigen Perspektive geschrieben als Matthäus, Markus und Lukas. Diese drei haben, bei aller Verschiedenheit, doch eine Blickrichtung – sie schrieben aus der Sicht des Jüngerkreises der Zwölf. Die spirituelle Art des Johannes ist eine andere, von der ersten bis zur letzten Zeile. So wird die Frage immer dringlicher: Wenn der Evangelist nicht der Jünger Johannes, Sohn des Zebedäus und Bruder des Jakobus war, wer war er dann?

DER REICHE JÜNGLING

Die drei Synoptiker bringen im wesentlichen übereinstimmend eine Begegnung Jesu mit einem Menschen, dessen Name an keiner Stelle genannt wird, der statt dessen in der Theologie als «der reiche Jüngling» bekannt ist.

Wir folgen zunächst der Schilderung, die Markus im 10. Kapitel gibt. Er berichtet, daß auf dem Wege «einer entgegenlief, niederkniete und ihn fragte: Guter Meister, was soll ich tun, daß ich das ewige Leben erwerbe?» Jesus weist zunächst die Anredeform «guter Meister» mit den Worten zurück: «Was nennst du mich gut? Niemand ist gut als allein Gott.» Dann aber geht er auf die Frage ein, die zentrale Frage nach Erwerbung von unzerstörbarer Ewigkeitssubstanz, die den Tod überdauert. «Was soll ich tun?» bedeutet: «Wie muß ich mich im Leben verhalten?»

Der Fragende muß sich zuvor das Urteil gebildet haben, daß Jesus von Nazareth ein Meister ist, fähig, auf eine so tiefgehende Frage gültig zu antworten. Übereinstimmend mit Matthäus (Kap. 19) und Lukas (Kap. 18) gibt Jesus zunächst den Hinweis auf das jüdische Gesetz, auf die zehn Gebote des Moses als Richtschnur für alles Handeln. Doch dies genügt dem Fragenden offenkundig nicht, er verlangt mehr. Seine Antwort ist: «Meister, das habe ich von meiner Jugend an befolgt.»

Nun bringt Markus – und nur Markus – den Satz: «Jesus sah ihn an und liebte ihn» [egápesen]. Hier, allein an dieser Stelle wird das Wort gebraucht, das sonst nur für die Beziehung Jesu zu Lazarus, zu seinen Schwestern Martha und Maria und zu dem «Lieblingsjünger» im Johannes-Evangelium verwandt wird: *den er lieb hatte.*

Doch folgen wir zunächst dem Fortgang des Gesprächs. «Jesus sah ihn an, hatte ihn lieb und sprach zu ihm: Eines fehlt dir noch: Gehe hin, verkaufe alles, was du besitzest, und gib es den Bettlern. Dann wirst du einen Schatz im Himmel (im Geiste) haben, und dann folge mir nach und nimm das Kreuz auf dich. Der aber ward unwillig über diese Rede und ging traurig davon. Denn er besaß viele Güter.»

Die Aufforderung «Folge mir nach» geschieht mit den gleichen Worten, mit denen die Fischer am See Genezareth zur Jüngerschaft berufen wurden. Diese verhielten sich, als ob sie seit langem auf diesen Ruf gewartet hätten. Sie lassen Familie und Beruf im Stich und folgen. «Alsbald verließen sie das Schiff und ihren Vater und folgten ihm nach.»

Zu einer solchen Schicksalsentscheidung war der «reiche Jüngling» nicht bereit. Daß es berechtigt ist, ihn «Jüngling» zu nennen, ist dem fast gleichlautenden Bericht des Matthäus-Evangeliums zu entnehmen. Dieses nennt den Fragenden zweimal neaniskos = Jüngling.

Lukas (Kap. 18) gibt eine weitere Ergänzung. Er nennt ihn Archon, was mit «Oberster» übersetzt werden kann. Damit ist ein deutlicher Hinweis gegeben, daß der fragende Jüngling nicht irgendein Beliebiger war, sondern zur führenden Schicht in Jerusalem gehörte.

Im Lukas-Evangelium wird zweimal mit denselben Worten Antwort auf die gleiche Frage erbeten: «Was muß ich tun, daß ich das ewige Leben erwerbe?» (Lukas 10 und 18). Im 10. Kapitel wird der Fragende ein «Nomikos» = Gesetzeskundiger, Schriftgelehrter genannt. Wir würden ihn heute vielleicht einen «Akademiker» oder «Juristen» nennen. Wie bei Matthäus, Markus und im 18. Kapitel von Lukas erfolgt auch hier zunächst ein Hinweis auf das Gesetz des Moses: «Jesus sprach zu ihm: Wie steht es im Gesetz? Was liest du da?»

Der Fragende erweist sich als kundig und antwortet: «Du sollst Gott, deinen Herrn, lieben aus ganzem Herzen, in deiner ganzen Seele, in deiner ganzen Kraft und in vollem Bewußtsein und deinen Nächsten wie dich selbst.» Und wieder Jesus: «Recht hast du geantwortet. Handle dementsprechend, und du wirst leben.» Der «Schriftgelehrte» ist mit dieser Antwort nicht zufrieden. Ihm scheint sie ungenügend, da es im Leben so schwierig zu beurteilen ist, wer «der Nächste» ist. Er fragt zurück: «Wer ist denn mein Nächster?»

Statt einer Belehrung folgt durch Jesus die Erzählung von dem Mann, der unter die Räuber fiel, und dem barmherzigen Samariter, der sich seiner annahm. «Welcher dünkt dich, ist der Nächste unter den dreien gewesen dem, der unter die Mörder gefallen war? Er sprach: Der die Barmherzigkeit an ihm tat. Da sprach Jesus zu ihm: So gehe hin und handele ebenso.»[9]

Die Frage des «Akademikers» war nach dem «ewigen Leben» gestellt – die Antwort wies auf soziale Hilfeleistung und Liebestat.

Sollte es zufällig sein, daß eine Zeile später Jesus in Bethanien eintrifft und in das Haus der Schwestern des Lazarus, der Martha und Maria, aufgenommen wird?

Denn was dort geschieht, wirkt wie die Fortsetzung der vorangegangenen Erzählung vom barmherzigen Samariter. Auf den Einwand der bei «Tische dienenden» Martha, ihre Schwester möge auch helfen, wird der äußerlich untätigen, aber mit ganzer Seele den Worten Jesu lauschenden Maria der Vorzug gegeben: «Sie hat den besseren Teil erwählt, der nicht von ihr genommen werden soll.»[10] Von jeher hat man diese Perikope als Muster für das Verhältnis des tätigen zu dem besinnlichen Christentum, der vita activa zu der vita contemplativa angesehen. Zusammen mit dem Vorangegangenen ergibt es ein Ganzes: Die Hilfsbereitschaft des «barmherzigen» Samariters muß ins Leere führen, in äußere soziale Betriebsamkeit – wenn nicht die Seele durch Kontemplation vertieft wird.

Fast unmerklich leitet Lukas das Gespräch mit dem «Jüngling» zu dem Geschehen in dem Hause zu Bethanien über. Erst durch das Johannes-Evangelium wird dann deutlich, daß dieses das Haus nicht nur der beiden Schwestern Martha und Maria ist, sondern zugleich auch das ihres Bruders Lazarus.

So gesehen liegt es nahe, sich zu fragen, ob sich nicht hinter dem namenlosen «reichen Jüngling», dem Gesetzeskundigen und Führer des Volkes (Archon) der Lazarus des Johannes-Evangeliums verberge?

Die Lazarus-Legende[11] erzählt, daß die Familie der drei Geschwister zu Bethanien zur wohlhabenden Oberschicht in Jerusalem gehörte. Der Vater war einer der reichsten Männer des Landes. Den großen Grundbesitz in Jerusalem erhielt der einzige männliche Erbe: Lazarus. Denn dieser – so die Legende – bekleidete schon mit jungen Jahren ein hohes Amt (Archon) und «war sehr reich». Was hindert uns, der Denkmöglichkeit zu folgen und in dem «reichen Jüngling» den Lazarus zu sehen?[12]

Weiter aber, und dies erscheint uns gleichfalls für das Verständnis als wesentlich: Ist mit dieser Denkmöglichkeit nicht auch ein einleuchtender Grund für die tödliche Erkrankung des Lazarus gegeben, über deren Ursache das Johannes-Evangelium schweigt?

Man braucht nur ernst zu nehmen, was die drei ersten Evangelien, die Synoptiker, über die Seelenverfassung des «reichen Jünglings» aussagen. Es geht ihm um die entscheidende Frage aller menschlichen Seelenentwicklung: Wie muß ich mich verhalten, um aus der Verhaftung durch die Sinneswelt mich zu lösen und schon im Leibe teilzuhaben an der Ewigkeit? Es ist die Frage nach der «Erleuchtung», auf die zu allen Zeiten die Priester der Mysterienkulte Antwort gaben. Seine Reife erwies der Jüngling sowohl in der demütigen Haltung («er kniete nieder»[13]) dem von ihm als «Meister» erkannten Jesus von Nazareth gegenüber wie in der Präzision seiner Fragestellung. Auch gibt er zu verstehen, daß nach seiner eigenen Erfahrung durch Befolgung des Dekalogs (der Zehn Gebote) die «Reinigung» der Seele erfolgen kann, aber noch nicht die Erleuchtung. Darauf erhält er den entscheidenden Hinweis: «Verkaufe alles, was du hast!» Man wird gut tun, diesen Rat nicht nur dinglich zu nehmen. Wohl mag er auch die Aufgabe des irdischen Besitzes fordern, aber im Sinne der Mysterienweisheit, die hier durch Jesus spricht, verlangt er mehr: Löse dich von allem, was dir im irdischen Sinne lieb ist. Lerne durch das Nadelöhr der totalen Entsagung dieser Welt zu gehen, und du wirst wahrhaft leben! An dieser Forderung scheitert der Jüngling. Denn er war eben – in jeder Beziehung – «sehr reich». Offenkundig fühlt er selbst die Unabdinglichkeit und Unerbittlichkeit der Worte Jesu. Aber es gebricht ihm am letzten entscheidenden Willen. Er fühlt: ich müßte es tun – und zugleich: aber ich vermag es nicht, ich bin zu verhaftet. Wider bessere Einsicht wendet er sich ab – und ist «tief traurig». Im Grunde über sich selbst und seine Schwäche.

Robuste Menschen mögen wohl auch in verwandte Lebenssituationen geraten, in denen sie wider besseres Wissen und Gewissen den bisherigen Weg fortsetzen. Sie leben – trotz innerer Einwände – mehr oder weniger unbekümmert weiter. Das war dem «reichen Jüngling» nicht gegeben. Er zerbrach an der eigenen Forderung nach dem «rechten Verhalten» und dessen Nicht-Erfüllung. So verwandelte sich seine Trauer in Krankheit: *Herr siehe, den du lieb hast, ist krank,* läßt die Schwester des Lazarus, Martha, Jesus sagen – und die Krankheit führte zum Tode.

Das Gespräch mit dem «reichen Jüngling» hat in den drei parallelen Berichten der Synoptiker ein Nachspiel. Die Jünger haben das Gespräch gehört. Unwillkürlich müssen sie sich fragen: Haben wir das erfüllt, an dessen Nichterfüllung der Jüngling vor ihren Augen und Ohren scheiterte? Jesus faßt zusammen: «Wie schwer werden die Reichen in das Reich Gottes kommen! ... Es ist leichter, daß ein Kamel durch ein Nadelöhr gehe, denn daß ein Reicher in das Reich Gottes eingeht.» Da ergreift die Jünger «Entsetzen». Sie erkennen die Größe des Unterfangens, fühlen ihre eigene Schwäche und sagen: «Wer kann dann bestehen, d. h. das Heil erlangen?»[14]

Petrus findet sich als erster wieder: «Siehe, wir haben alles verlassen und sind dir nachgefolgt.» Die Antwort, die er auf diese doch wohl nicht ohne leichte Selbstgefälligkeit vorgebrachte Äußerung erhält, beendet das Gespräch hintergründig: «Viele aber werden die Letzten sein, die die Ersten sind, und die Ersten sein, die die Letzten sind.»

Dieses häufig zitierte Bibelwort ist an d i e s e r Stelle aufschlußreich. Petrus, die Zebedäus-Söhne, die anderen neun Jünger – sie waren als erste zur Stelle. Der reiche Jüngling kam als letzter – sollte er der erste werden?

Die Spur des «reichen Jünglings» führte – so sahen wir – unmittelbar nach Bethanien in das Haus von Martha und Maria. Sie würde dort enden, wenn es nur die drei ersten Evangelien gäbe. Das Johannes-Evangelium aber setzt den Weg fort. Es bringt uns zu dem Bruder der beiden Schwestern, nennt dessen Namen Lazarus und läßt den Leser an dessen Sterben und Auferwecktwerden teilnehmen.[15]

Doch bleiben wir zunächst bei dem Schwesternpaar und deren Schicksal. Martha wird in der christlichen Tradition «die Wirtin des Herrn» genannt. Zweifelsohne diente ihr Haus in Bethanien Jesus und seinen Jüngern als Refugium, in das sie gern einkehrten, weil sie sich dort aufgenommen wußten.

Die «Legenda aurea» erzählt von Martha: «Man findet nirgends, daß sie einen Mann gehabt habe, oder daß sie irgend Gemeinschaft mit Männern hatte. Sondern sie diente dem Herrn als eine edle Wirtin und wollte, daß ihre Schwester ihm in derselben Weise diente. Denn es bedeuchte sie, daß die ganze Welt nicht genug sei, einem solchen Gaste zu dienen.»

Schon Ambrosius (ca. 340–397) vermutet, daß die zwölf Jahre lang am Blutfluß erkrankte Frau, die nach den Synoptikern von Jesus Christus auf dem Wege zur sterbenden Tochter des Obersten Jairus geheilt wurde, Martha gewesen sei. Die Schüchternheit, aus der heraus sie nicht wagt, Jesus unmittelbar um Hilfe zu bitten, sondern nur «von hinten den Saum seines Gewandes berührte»[16], steht nicht im Widerspruch zu ihrem sonst aktiven und hilfsbereiten Charakter. Es wäre denkbar, daß die Freundschaft Jesu zum Hause in Bethanien in dem Augenblick der Heilung Marthas begründet wurde. Jesu letzte Worte nach der Heilung sind: «Sei getrost, meine Tochter, dein Glaube hat dich geheilt – gehe hin in Frieden.» Sie könnten zugleich den Beginn der Freundschaft zu den drei Geschwistern in Bethanien bedeuten.

Wir wissen nicht, wann Maria Magdalena Jesus zum erstenmal begegnet ist. Die Überlieferung identifiziert sie mit der «großen Sünderin ... von der er sieben Dämonen ausgetrieben hatte»[17].

Hierzu berichtet die «Legenda aurea»[18]: «Maria Magdalena ist mit Beinamen genannt von der Burg Magdalum. Sie war von gar edler Geburt, denn sie stammte aus königlichem Geschlecht; ihr Vater hieß Syrus und ihre Mutter Eucharia.» Sollte diese legendäre Tradition auf historischen Tatsachen beruhen, so wäre sie natürlich gleicherweise für Martha und Lazarus, den «reichen Jüngling» gültig. Wir können nur sagen: So etwa kann es gewesen sein. Der Sinngehalt der legendären Überlieferung ist glaubwürdig.

Die «Legenda aurea» fährt fort: «Mit ihrem Bruder Lazarus und

Martha. Steinplastik, 12. Jahrhundert. Autun, Musée Rolin

ihrer Schwester Martha besaß sie die Burg Magdalum, die zwei Meilen von dem See Genezareth entfernt ist, und das Dorf Bethanien, welches nahe bei Jerusalem ist, und auch einen großen Teil der Stadt Jerusalem. Doch teilten sie alles unter sich also, daß Maria Magdalum besaß, davon ihr auch der Name ward; Lazarus den Teil von Jerusalem; Martha aber Bethanien.

Da nun Magdalena sich ganz der leiblichen Wollust gab, Lazarus aber der Ritterschaft, nahm Martha sich des Gutes ihrer Geschwister an und regierte es mit großer Weisheit und sorgte für ihre Krieger und Knechte und für die Armen.

Da nun Magdalena überflüssig reich war und die Wollust allezeit eine Gesellin des Reichtums ist, sah sie ihre Schönheit und ihren Reichtum an und gab sich gänzlich den leiblichen Wollüsten, also daß sie ihren eigenen Namen verlor und allein die Sünderin genannt wurde.»

In allem erhalten wir so ein Charakterbild von Maria Magdalena, das dem Wesen der Martha entgegengesetzt ist.

Als die Sünderin, die Jesus die Füße wäscht und salbt, gehört Maria Magdalena zu den Urgestalten des Neuen Testaments. Als solche ist ihr Attribut in der christlichen Malerei die Salbenbüchse, die sie in Händen trägt.

Nun berichten die vier Evangelien von drei Salbungen, die stattgefunden haben und nach Ort und Zeit sich unterscheiden. Lukas bringt seine Erzählung schon im 7. Kapitel: «Und siehe, ein Weib war in der Stadt, die war eine Sünderin. Da diese vernahm, daß er zu Tische saß in des Pharisäers Hause» (Lukas nennt erst später den Namen Simon) «brachte sie ein Glas mit Salbe und trat hinten zu seinen Füßen und weinte und fing an, seine Füße zu netzen mit Tränen und mit den Haaren ihres Hauptes zu trocknen, und küßte seine Füße und salbte sie mit Salbe.»[19]

Der gastgebende Pharisäer begreift nicht, daß sich Jesus diese Überschwenglichkeit von einer Hure gefallen läßt. Im stillen denkt er: «Wenn dieser ein Prophet wäre, so wüßte er doch, was das für ein Weib ist, die ihn da so nahe berührt.» Jesus merkt diese unaugesprochenen Gedanken, wendet sich an den Hausherrn und erzählt ihm eine Geschichte von zwei Schuldnern, von denen der eine viel, der andere wenig schuldete. Beiden wird die Schuld erlassen. «Sag an, welcher unter den beiden wird ihn am meisten lieben?» Selbstverständlich mußte nun Simon antworten: «Ich achte, dem er am meisten geschenkt hat» – die Parallele zu der Sünderin lag auf der Hand: «Ihr sind viele Sünden vergeben, denn sie hat viel geliebt; welchem aber wenig vergeben wird, der liebet wenig.»

Dann wendet sich Jesus zu der Frau und entläßt sie mit den gleichen

Worten wie die blutkranke Frau (Martha?): «Dein Glaube hat dich geheilt (geholfen, erlöst), gehe hin in Frieden.» Gerade weil die Namen der beiden Frauen, Martha und Maria, erst im 10. Kapitel genannt werden, kann es aufschlußreich sein, in den beiden vorausgehenden Berichten die Erstbegegnungen der Schwestern mit Jesus für möglich, wenn nicht für wahrscheinlich zu halten. Im selben Sinne kann bei dem ersten fragenden Schriftgelehrten (Lukas 10) auf Lazarus geschlossen werden.

Dann ist deutlich, daß Jesus Bethanien betrat, nachdem schon bedeutsame Begegnungen mit allen drei Geschwistern stattgefunden hatten. Nach allem, was die vier Evangelien mitteilen, darf angenommen werden, daß eine jahrelange Freundschaft Jesus von Nazareth mit den Geschwistern im Hause zu Bethanien verband.

Zu Beginn des 11. Kapitels, des zentralen Kapitels des vierten Evangeliums, beruft sich der Evangelist bei der Nennung Marias ausdrücklich auf eine vorangegangene Salbung: *Maria aber war es, die den Herrn gesalbt hat mit Salbe und seine Füße getrocknet.* Kommentatoren des Johannes-Evangeliums, so Walter Bauer, halten dies für einen merkwürdigen Vorgriff auf den Bericht im folgenden Kapitel. Gibt es nur diese Deutung? Was hindert, anzunehmen, daß Maria sich zu dem nur aus orientalischen Gebräuchen her verständlichen Liebesdienst mehrmals getrieben sah? Jedenfalls sehen wir keinen Grund dagegen, daß sie Salbungen zweimal, ja dreimal vollzog, zumal sie von Jesus niemals dafür getadelt, sondern von ihm gegen Vorwürfe anderer in Schutz genommen wurde.

Weiterhin berichtet Johannes mit genauer Zeitangabe – sechs Tage vor Ostern – von einer zweiten Salbung, die in Bethanien geschah. Ein Mahl war bereitet, Martha diente und Lazarus war *einer von denen, die mit ihm zu Tische saßen.*

Da nahm Maria ein Pfund Salbe von ungefälschter, köstlicher Narde und salbte die Füße Jesu und trocknete mit ihrem Haar seine Füße; das Haus aber ward voll vom Geruch der Salbe.

Diese Handlung Marias erregt den Widerwillen des Judas. Er hat keinen Sinn für eine solche, an eine kultische Handlung grenzende Liebestat. Er kann als Verwalter der Finanzen des Jünger-Kreises sie nur als Vergeudung empfinden: *Warum ist diese Salbe nicht verkauft um dreihundert Groschen und den Armen gegeben?* Johannes fügt hinzu, daß dieses Argument des Judas nur ein Vorwand gewesen sei. In Wirklichkeit ging es ihm um das Geld, denn *er war ein Dieb und hatte den Beutel und trug, was gegeben ward.*

Von Jesus selbst wurde die Salbung als «letzte Ölung» bezeichnet. Er verteidigt Maria gegen den Anwurf des Judas: *Laß sie in Frieden. Solches tat sie zum Tag meines Begräbnisses. Denn Arme habt ihr alle-*

Maria Magdalena. Steinplastik, 12. Jahrhundert. Autun, Musée Rolin

zeit bei euch; mich aber habt ihr nicht allezeit.

Matthäus und Markus sprechen von einer Salbung erst zwei Tage vor Ostern. Da das Passahfest am Freitagabend begann, wäre es danach also am Mittwoch vor Gründonnerstag gewesen. Auch diese Salbung fand in Bethanien statt, wieder wie die schon von Lukas (7. Kapitel) geschilderte, im Haus des Simon, welcher der «Aussätzige» genannt wird. Der Name Maria Magdalena wird nicht erwähnt, es heißt nur: «eine Frau, die hatte ein Glas mit köstlichem Wasser und goß es auf sein Haupt».

Unleugbar unterscheidet sich diese Salbung von der des Johannes-Berichtes. Ein anderer Tag wird für das Ereignis angegeben, es wird nicht von einer Salbe, sondern von «köstlichem Wasser» gesprochen, und es sind nicht die Füße, sondern es ist das Haupt, dem die Handlung gilt.

Im Sinne der üblichen Bibelkritik liegt das Urteil nahe: Die Evangelisten waren nicht zugegen, sie schöpften aus verschiedenen Quellen, und darum widersprechen sich ihre Berichte. Oder vielleicht war es so, wie Johannes berichtet; vielleicht aber sind Matthäus und Markus näher an der historischen Wahrheit. Demgegenüber bleibt die uns mehr einleuchtende Möglichkeit, daß zwei solche «Liebestaten» in der Passionswoche stattgefunden haben. Die erste geschah am Abend vor Palmsonntag: Salbung der Füße, die zweite am Mittwoch der Karwoche. Nichts hindert uns – außer der «Bibelkritik» –, in beiden Fällen Maria Magdalena als Handelnde zu denken.

Es ist auch kein gültiger Einwand gegen diese Annahme, daß in allen Berichten die Jünger sich über die Verschwendung beklagen. Nach Markus erfolgt die Inschutznahme der «Frau» mit den Worten: «Laßt sie in Frieden! Was bekümmert ihr sie? Sie hat ein gutes Werk an mir getan. Ihr habt allezeit Arme bei euch, und wenn ihr wollt, könnt ihr ihnen Gutes tun; mich aber habt ihr nicht allezeit. Sie hat getan, was sie konnte; sie ist zuvorgekommen, meinen Leib zu salben zu meinem Begräbnis. Wahrlich ich sage euch: Wo dies Evangelium gepredigt wird in aller Welt, da wird man auch das sagen zu ihrem Gedächtnis, was sie jetzt getan hat.»

Wesentlich ist für uns nicht die Entscheidung, ob es sich bei den Berichten um dasselbe oder um zwei verschiedene Ereignisse handelt, sondern daß durch beide hindurchleuchtet die seelische Hinneigung der Maria von Magdala zu Jesus. Sie, die einst ein ausschweifendes Leben geführt hat, erlebte in der Begegnung mit Jesus Christus die Umwandlung ihrer Seele. Aus der «großen Sünderin» wurde die «Büßerin», die aus der Geschichte des Urchristentums, wirksam als eines der christlichen Urbilder, nicht fortzudenken ist. Es ist an der Zeit, jetzt die Frage zu stellen: Und was wurde aus ihrem Bruder Lazarus?

Der Schlüssel zum Leben und Wesen des Johannes ist zunächst mehr durch sein Evangelium als durch die Apokalypse gegeben. Das mag paradox erscheinen. Nennt er doch in dem Offenbarungsbuch von Patmos am Anfang wie am Ende deutlich seinen Namen: *Ich – Johannes,* während er ihn im Evangelium verschweigt bzw. unter der Redewendung *der Jünger, den der Herr lieb hatte* verhüllt. Aber gerade das ist nicht ohne Grund. Viel ist gewonnen, wenn verstanden wird, warum es so ist.

Das 11. Kapitel steht nicht zufällig in der Mitte des Evangeliums. Es bildet den Mittelpunkt des Ganzen. Die ersten zehn Kapitel münden in das elfte, die weiteren zehn bringen das Mysterium von Golgatha, ausgehend von dem elften. Und dessen Inhalt ist die Auferweckung des Lazarus.

Im Sinne der Komposition des Evangeliums handelt es sich dabei um das siebte Zeichen, die letzte Tat Jesu Christi vor seinem Tode, durch die sein göttlicher Auftrag offenbar wurde. Kann man bei anderen Zeichen fragen, wie sie im «dreifachen Schriftsinn» des Origenes[20] gemeint seien, so besteht bei der Auferweckung des Lazarus darüber kein Zweifel. Welche geistig-seelischen Hintergründe auch mitwirken und hineinspielen mögen – der Bericht gilt einem Ereignis, das sich in Raum und Zeit zugetragen hat. Weil es sich um das Kardinalkapitel des Johannes-Evangeliums handelt, muß seine Darstellung ausführlich sein.

Es war einer krank, mit Namen Lazarus[21], so beginnt es, und zugleich ist es dessen erste Namensnennung. Lazarus bedeutet im Hebräischen soviel wie: Gott hilft – Gott hat geholfen. Der Text fährt fort: *aus Bethanien, dem Dorf der Maria und ihrer Schwester Martha.* Nach dem schon erwähnten Hinweis auf die Salbung folgt noch einmal: *deren Bruder Lazarus war krank.* Damit sind alle äußeren Umstände genügend gekennzeichnet.

Da sandten die Schwestern zu ihm (Jesus) *die Botschaft: Herr, siehe den du lieb hast, ist krank.* Hier bedarf es nicht eines Namens – der Ausweis ist durch das *den du lieb hast* gegeben. Kein Lieb-haben im gewöhnlichen Sinne kann damit gemeint sein. Es widerspräche dies dem Sinne des Johannes-Evangeliums, in dem Jesus das göttliche «Wort» selbst ist. Jesus liebte Lazarus, weil er ihn für reif hielt, auch in ihm das «Wort» zu erwecken.[22]

Die erste Antwort Jesu auf die Botschaft von der Erkrankung des Lazarus muß in der üblichen Luther-Übersetzung befremdlich wirken: *Die Krankheit ist nicht zum Tode, sondern zur Ehre Gottes, daß der Sohn Gottes dadurch geehrt werde.* Naiv gehört, klingt es, als ob Laza-

Das

Evangelium der Wahrheit

Neue Lösung der Johanneischen Frage

Von

Johannes Kreyenbühl,
Doctor der Philosophie

Erster Band

Berlin W
C. A. Schwetschke und Sohn
1900
19,50

rus erkrankt sei, damit Jesus zu Ehren Gottes die Gelegenheit erhielt, eine Wunderheilung zu vollziehen. Eine solche Deutung widerspricht dem Geiste des Johannes. Wählt man an Stelle des Wortes Ehre «Herrlichkeit» (Walter Bauer) oder «Verherrlichung» (Rudolf Schnackenburg), so ist dadurch kaum etwas gewonnen. Es bleibt der Eindruck: eine Veranstaltung zur «Verherrlichung» Gottes solle stattfinden.

Im Text steht eines der johanneischen Urworte: Doxa. In diesem Zusammenhang bietet sich dafür aus der deutschen Sprache das Wort «Offenbarung» an. Dann lautet die Zeile: *Diese Krankheit ist nicht zum Tode, sondern zur Offenbarung Gottes, auf daß der Sohn durch sie zur Offenbarung komme.* Offenbar ist hier als Gegensatz zu unoffenbar, zu verborgen gemeint. Durch die Heilung der Krankheit wird der verborgene Gott in dem Kranken zur Offenbarung kommen, in Erscheinung treten – durch das Wirken des Sohnes.

Und damit ist im voraus das ganze Mysterium der Auferweckung des Lazarus angedeutet.

Die Krankheit hat ihn in eine tödliche Krisis gebracht. Sie bedeutet zugleich das Ende der bisherigen Existenz des reichen Jünglings Lazarus und den Beginn eines völlig neuen Daseins und Wirkens. Zwischen beiden liegt der – notwendige – dreitägige Todesschlaf.

Der erste, der an das Geheimnis des Zusammenhangs von Lazarus und Johannes gerührt hat, war, soweit wir sehen, der Schweizer Philosoph und Theologe Johannes Kreyenbühl, Autor des zweibändigen Werks «Das Evangelium der Wahrheit» (1900). In diesem Buch sind alle Argumente dafür zusammengetragen, daß hinter der Gestalt des «Lazarus» sich der Autor des Johannes-Evangeliums selbst verberge – für einen unbefangenen Leser überzeugend. Leider nur gerät Kreyenbühl dann auf eine Fährte, die ihn weit von der eigentlichen Lösung abführt. Nicht in dem «Presbyter Johannes» sieht er den Schreiber. Alle Vermutungen, die sich sowohl auf den Sohn des Zebedäus wie auf den «Alten von Ephesus» beziehen, hält er für falsch. Statt dessen erklärt er: «Menandros von Antiochia ist der Verfasser des vierten Evangeliums, des Evangeliums der Wahrheit.» Selbstbewußt fügt Kreyenbühl hinzu: «. . . und damit ist der Schlüssel zur Auflösung des Johanneischen Problems gegeben.»

Menandros war Gnostiker, ein Schüler des in der Apostelgeschichte genannten Simon Magus, er stammte aus Samaria und lehrte zu Antiochia. Irenäus sah in ihm einen Ketzer. Ein Schüler von Menandros war Basilides (um 130/40).

So wertvoll der Beitrag Kreyenbühls über die Identität des Lazarus und des Schreibers des Johannes-Evangeliums auch ist, führt er doch durch die Gleichsetzung des Verfassers mit Menandros auf eine falsche Spur. Erst Rudolf Steiners Kapitel über das Lazarus-Wunder in seinem 1902 erschienenen Buch: «Das Christentum als mystische Tatsache» bringt die Lösung, die wir dieser Biographie zugrunde gelegt haben.[23]

In diesem Buch gibt Steiner eine ausführliche Darstellung des vorchristlichen Mysterienwesens, dessen Ziel die Einweihung in die Geheimnisse der Götterwelt war. Der Weg der Mysterien-Schüler wurde von den Hierophanten so geleitet, daß mit Hilfe innerer und äußerer Methoden die Erlebnisse des «Stirb und Werde» durch Grablegung und dreitägigen Todesschlaf herbeigeführt wurden. «Aus dem Tode heraus entsteht das neue Leben. Dieses Leben hat den Tod überdauert. Der Mensch hat das Vertrauen zu dem neuen Leben gewonnen. – So ist es mit Lazarus gewesen. Jesus hat ihn für die Erweckung vorbereitet. Es handelt sich um eine bildhaft-wirkliche Krankheit. Um eine Krankheit, die eine Initiation ist, und die nach drei Tagen zum wirklich neuen Leben führt» (Rudolf Steiner).

Im weiteren brauchen wir nur den Worten des Johannes-Evangeliums selbst zu folgen, um die Nähe zu einer solchen vorchristlichen Einweihung zu erahnen: *Da hoben sie den Stein ab, da der Verstorbene lag. Jesus hob seine Augen empor und sprach: Vater ich danke dir, du hast mich erhört. Doch ich selbst wußte, daß du mich allezeit hörst. Doch um der vielen Menschen willen, die um mich herum stehen, habe ich es ausgesprochen. So werden sie den Glauben aufnehmen, daß du mich gesandt hast.*

Da er das gesagt hatte, rief er mit starker Stimme: Lazarus, komm heraus. Da kam der Verstorbene heraus, an Füßen und Händen mit Binden umwickelt. Sein Gesicht war noch mit dem Schweißtuch bedeckt. Jesus spricht zu den Umstehenden: «Löset ihn frei und laßt ihn gehen!»

Wir wissen heute noch wenig über die antiken Mysterien. Wir kennen die Namen von Stätten, an denen sie Zentren hatten, wie Ephesus, Delos, Samothrake und Eleusis. Aber nur geringe Bruchstücke von dem, was da geschah, sind uns überliefert. Das hat seinen guten Grund: die Todesstrafe bedrohte den, der verriet, was er unter absoluter Schweigepflicht erfahren hatte. Nachklängen begegnen wir in der Zeremonie der Priesterweihe der römisch-katholischen Kirche und in der Disziplin und den Ritualen der Freimaurer-Logen. Was «inter muros» gesprochen, was «sub rosa» gehört wurde, ist im Kreise der «Eingeweihten» vor den «Profanen» zu bewahren. Stets wird das Ziel durch einen mehr oder weniger symbolischen Sterbeakt, durch «Grablegung» und «Auferweckung» angestrebt. Leider finden wir kaum noch so gut erhaltene Mysterienorte, daß an den Bauwerken selbst die einstige Funktion ohne weiteres ablesbar wäre. Wo Reste vorhanden sind, findet sich fast immer ein Raum mit einem Grab, das aber so angelegt ist, daß man es nicht mit einer sei es noch so feierlichen Begräbnisstätte verwechseln kann.

Ein klassisches Beispiel bietet sich auf der «schwimmenden Insel» Delos, deren Zentrum der Kynthos-Berg ist. Etwa auf zwei Drittel Höhe findet sich ein altes Heiligtum, wesentlich älter als alles, was sonst noch auf Delos an antiken Relikten vorhanden ist. Unter Ausnutzung der natürlichen Gegebenheiten hat man einen Raum in den Felsen geschnitten und das «Dach» durch gewaltige Megalithen, die sich gegenseitig tragen, gebildet. Im Innern ist ein Grab in den Boden eingelassen. Von einer Kopfplatte führen drei Stufen hinunter bis zu dem eigentlichen Grab. Die geringe Größe des Raums läßt den Gedanken nicht zu, daß sich hier einst ein Kreis zu Opferhandlungen versammelte. Wohl aber haben der Hierophant, der die Zeremonie leitete, und seine Gehilfen genügend Platz gefunden.

Erweckung des Lazarus. Schule von Nowgorod, 16. Jahrhundert.
Privatbesitz, Astrup.

Mysteriengrab in Delos

Das sog. Grab des Lazarus in Bethanien (Fot. Hemleben)

Der Mythos der Insel, den jedermann kannte und der auch in Volksfeiern seinen Ausdruck gefunden haben wird, sprach nur von der Geburt des göttlichen Geschwisterpaares: Apollon und Artemis auf Delos.

In Wirklichkeit war Delos Jahrhunderte hindurch die zentrale Priesterbildungsstätte sowohl für die Apollo-Schüler – oben auf dem Kynthos-Berg – wie für die Artemis-Schülerinnen, drunten am heiligen See der Göttin.

Die Geburt des Apollo, des Sonnengeistes, war kein einmaliges geschichtliches Ereignis in sagenhafter Vorzeit, sondern wiederholte sich stets, wenn ein Adept in esoterischer Handlung aus dem Todesschlaf zu dem Sonnen-Bewußtsein eines Apollo-Priesters erweckt wurde. In der geistigen Nähe solcher vorchristlicher Mysterien – nun aber in voller Öffentlichkeit – kann die Auferweckung des Lazarus durch Jesus, so wie sie Johannes, und nur er allein, berichtet, verstanden werden.

Auch Paulus muß noch von diesen Mysterien-Geheimnissen berührt gewesen sein. Es gibt manches, was darauf hinweist. Aber wohl am deutlichsten spricht das Zitat, das er im Epheser-Brief[24] verwendet, ohne seinen Ursprung zu nennen:

Wache auf, der du schläfst,
Stehe auf von den Toten,
So wird dich Christus erleuchten.

Klemens von Alexandria[25] fügt noch die drei Zeilen hinzu:

Der Herr der Auferstehungssonne,
Der, vor dem Morgenrot gezeugt,
Leben spendet mit seinen Strahlen.

Das ist nun Geist vom Geiste des Johannes, der den «kosmischen Christus» verkündete als den Spender von «Licht» und «Leben». Er konnte dies, weil er nicht nur dem Meister als «reicher Jüngling» seine reifen Fragen vorgelegt und Antwort erhalten, nicht nur als Lazarus seinen Worten gelauscht und sie in sein Herz gläubig aufgenommen hatte, sondern weil er selbst durch den Tod gegangen und sein ihn zu neuem Bewußtsein erweckender Hierophant Jesus Christus selbst war.

Dies also wäre der Schlüssel zum Wesen des Johannes: Der reiche Jüngling der Synoptiker ist Lazarus, der Bruder von Martha und Maria. Lazarus aber ging durch Tod und Auferweckung und wurde zu dem Jünger, *den der Herr lieb hatte.* Als solcher stand er unter dem Kreuz und Ostern am Grabe, erhielt seinen Zukunftsauftrag, empfing auf Patmos die Apokalypse, schrieb in Ephesus das Evangelium und starb dort hochbetagt, an die hundert Jahre alt.

Nichts hat die Gegner Jesu Christi so erregt wie das Ereignis von Bethanien. Man nehme es nur ernst: Lazarus gehörte zu den «Obersten und Schriftgelehrten», er war einer der ihren. Damals gab es auch eine jüdische Esoterik, die ihre eigenen Ordnungen und Zeremonien pflegte; ihr gehörten die führenden Persönlichkeiten Jerusalems an. Einweihungsriten waren ihnen vertraut. Die «Kabbala», die Weisheit der hebräischen Rabbis, ist in ihren Ursprüngen nicht erst im Mittelalter entstanden.

Jetzt hatte Jesus in aller Öffentlichkeit eine «Auferweckung», die zugleich eine Initiation (Einweihung) bedeutete, an Lazarus vollzogen. Das mußte ihnen wie ein Mysterienverrat erscheinen. Ihre Empörung war leidenschaftlich und wurde durch die Tatsache gesteigert, daß sich immer mehr Menschen aus dem Volk Jesus anschlossen. Es wurde eine Ratssitzung einberufen: *Was sollen wir tun? Dieser Mensch vollbringt viele Zeichen* [semeia]. *Wenn wir ihn frei wirken lassen, so werden alle an ihn glauben.*

Man darf nicht vergessen, daß im Jahre 33 n. Chr. Palästina römisches Besatzungsland war. Der «Hohe Rat», die Pharisäer und Schriftgelehrten einschließlich des Hohenpriesters, hatte nur bedingte Handlungsfreiheit. Stets lebten sie in Angst vor dem römischen «Landpfleger», dem Statthalter der Provinz Syrien. Sie sagten sich: Wenn wir jetzt nicht eingreifen, so werden wir den kürzeren ziehen – *dann kommen die Römer und nehmen uns Land und Leute.* Der amtierende Hohepriester Kaiphas sprach es aus: *Ihr wißt nichts und seid gedankenlos. Es ist besser für euch, daß ein einziger Mensch für das Volk stirbt und nicht das ganze Volk zugrunde geht.* Johannes fügt hinzu: *Das aber sagte er nicht aus eigner Eingebung, sondern als Hoherpriester des Jahres sprach er prophetisch, daß Jesus für das Volk sterben solle. Und nicht allein für das Volk, sondern daß er die zerstreuten Kinder Gottes zusammenführe.*[26]

Mit diesem autoritären Anspruch des Kaiphas war das Urteil bereits gefällt. Alles, was nun geschah, folgte mit innerer Konsequenz: *Von jenem Tage an war also beschlossen, ihn zu töten.*

Jesus aber verbarg sich zunächst vor der Öffentlichkeit und zog mit seinen Jüngern in einen Ort am Rande der Wüste mit Namen Ephraim zurück. Bis dorthin scheint die Macht des Hohen Rates von Jerusalem nicht gereicht zu haben.

In Jerusalem aber wuchs die Spannung unter dem Volk. Es ging auf Ostern. Einer fragte den andern: *Was meint ihr, wird er zum Fest kommen? Die Hohenpriester und Pharisäer aber hatten Anordnung gegeben: Sobald jemand erfährt, wo er sich aufhält, muß er es anzeigen, damit sie ihn verhaften können.* Mit diesen Worten schließt das 11. Kapitel.

Wir wenden uns wieder Lazarus zu. Die Überlieferung nennt als Tag der Auferweckung den 23. Februar. Auch wenn dieses Datum nicht genau zutreffen sollte: alle Überlegungen führen in die Nähe dieses Tages. Das auf das Lazarus-Kapitel folgende, das zwölfte, beginnt mit einer genauen Zeitangabe: *Sechs Tage vor Ostern,* das heißt nach unserer Zeitrechnung am Tage vor Palmsonntag. Nehmen wir für den damaligen Karfreitag den 3. April an, so wäre dies der 28. März. An diesem Tag kommt Jesus erneut nach Bethanien. Es sind inzwischen fast fünf Wochen verstrichen. Wenn wir den anderen Evangelisten folgen, blieb Jesus nicht die ganze Zeit in Ephraim, sondern suchte inzwischen auch die südlich gelegene Landschaft am Jordan um Jericho auf. Von dort machte er sich, immer begleitet von dem Zwölfer-Kreis, auf den Weg nach Jerusalem. Ein beschwerlicher Weg durch die Steinwüste Juda, auf dem es über zwölfhundert Meter Höhenunterschied zu überwinden galt. Lazarus war nach seiner Auferweckung bis zur vollen Gesundung in Bethanien geblieben. Dies versteht sich von selbst, nach allem, was er durchlebt und durchlitten hatte. Nun kehren Jesus und seine Schar, bevor sie sich in die Stadt Jerusalem wagen, wieder in Bethanien ein. Der Evangelist betont mit Nachdruck: *Jesus kam nach Bethanien, wo Lazarus war, den er von den Toten auferweckt hatte.* Nach Nennung der Martha, die beim Mahle diente, folgt die Schilderung der Salbung der Füße Jesu (s. S. 26) durch Maria.

Lazarus war jetzt ein anderer als zuvor. Nicht nur, daß er äußerlich die Leibeskraft wiedergewonnen, sondern weil er den «Tod geschmeckt» hatte und durch Jesus Christus im innersten Kern seines Wesens teilhaftig an dem Leben der Unsterblichkeit geworden war. Es hatte sich an ihm erfüllt, wonach er als «der reiche Jüngling» so inständig gefragt und verlangt hatte.

Die Frage des reichen Jünglings lautete: «Was muß ich tun, um am Leben der Ewigkeit teilzuhaben?» Jetzt hatte er es erfahren. Er war durch den Tod gegangen, hatte alles, was er zuvor besaß, aufgegeben und war in das Mysterium des «ewigen Lebens» durch den eingeweiht, der sich selbst als *die Auferstehung* [anastasis] *und das Leben*[27] bezeichnete.

Es gibt keinen äußeren Beweis dafür, daß dies der wahre Zusammenhang ist. Wohl aber kann es für den unbefangenen Leser etwas von Evidenz bekommen, daß von nun ab Lazarus der Jünger ist, *den der Herr lieb hatte* und der im Johannes-Evangelium zugleich seine eigene Lebensgeschichte berichtet.

Alle theologische, historisch-kritische Johannes-Forschung ist sich darin einig, daß der Begriff Leben [zoè] im vierten Evangelium (und

Jesus und Johannes. Holzskulptur aus Oberschwaben, um 1320. Stiftung Preußischer Kulturbesitz, Berlin

auch im 1. Johannes-Brief) einen wesentlich anderen Klang als bei den Synoptikern hat. Nur Johannes bringt die Selbst-Aussage Jesu Christi: *Ich bin das Brot des Lebens* und *Ich bin das lebendige Brot, das vom Himmel kommt. Wer von diesem Brot essen wird, der wird leben in Ewigkeit*[28] [zesei eis ton aiona]. Wortwörtlich ist es das, wonach der reiche Jüngling einst gefragt hatte. Nun hatte er als Lazarus die Realität erlebt und vermag selbst im Geiste neugeboren Jesu Worte niederzuschreiben: *Wer an mich glaubet, der wird leben, ob er gleich stürbe; und wer da lebet und glaubet an mich, der wird nimmermehr sterben.* Diese Worte sind zu Martha gesprochen, während Lazarus im Grabe lag.

Während sich die ersten zehn Kapitel des Johannes-Evangeliums mit den drei Jahren des Wirkens Jesu in Palästina beschäftigen, berichten die Kapitel 12 bis 19 ausschließlich die Ereignisse in der letzten Woche, der Karwoche. Wenn schon der erste Teil manches «Sondergut» des Johannes bringt, so ist seine Schilderung des Verlaufs der Passionswoche so andersartig als die von Matthäus, Markus und Lukas, daß dadurch dem Leser Rätsel über Rätsel aufgegeben wurden. Das Seltsame ist nur: Eigentliche Widersprüche treten nicht auf. Das Geheimnis erhellt sich, wenn wir nicht, wie es in der historischen Bibelkritik üblich ist, nach den Quellen fragen, aus denen der Schreiber geschöpft haben mag, sondern es als Erzählung eines Menschen nehmen, der dabei und selbst in die Ereignisse einbezogen war.

Nach der Salbung am Samstag in Bethanien folgt eine kurze Perikope (= Abschnitt) über den Einzug in Jerusalem am Palmsonntag. Ausdrücklich wird noch einmal auf Lazarus Bezug genommen: *Das Volk aber, das bei ihm war, als er den Lazarus aus dem Grabe rief und von den Toten erweckte, bekannte sich zu ihm. Deswegen war ihm auch die Menge entgegengezogen, weil sie gehört hatten, daß er dieses Zeichen* [semeion] *getan hätte. Die Pharisäer aber sagten zueinander: Da seht ihr, daß ihr nichts ausrichtet. Seht doch, alle Welt läuft ihm nach.*[30]

Anschließend wird berichtet, daß einige Griechen die Begegnung mit Jesus suchen. Philippus und Andreas vermitteln. Kamen die Griechen etwa zufällig des Weges?

Das Hosianna vom Palmsonntag wies hin auf die Erfüllung der Prophetie des Psalmisten: «Gelobt sei, der da kommt in dem Namen des Herrn, der König von Israel»[31] und auf die Weissagung des Sacharja: «Siehe, dein König kommt, reitend auf einem Eselsfüllen.»[32]

Aber Jesus, in der Weltsicht des Johannes, ist nicht nur für die Juden gekommen. Auch die Heiden, insbesondere das Kulturvolk der Griechen, sollen teilhaben an der Kunde und der Substanz der Heilstat Christi. So kommen in diesem Augenblick mit geistiger Notwendigkeit Repräsentanten der Hellenen. Auch ihnen gilt die Botschaft von dem Leben der Ewigkeit, das nicht erst nach dem Tode beginnt, sondern schon hier und jetzt durch die innere Wiedergeburt erfahren werden kann. Was Lazarus am eigenen Leibe durchlebt hat, wird für die Griechen in das Bild gekleidet: *Wahrlich, wahrlich, ich sage euch: Wenn das Weizenkorn nicht in die Erde fällt und stirbt, bleibt es allein; wenn es aber stirbt, bringt es viele Frucht. Wer sein Leben liebt, verliert es, und wer sein Leben in dieser Welt haßt, wird es als Leben in Ewigkeit bewahren.*[33] Wieder ist es die zoè aiónios, in die das Gleichnisbild mündet.

Wie kein anderes Volk sind diese Apollo-Schüler dafür prädestiniert, die Aufforderung zu verstehen: *Solange ihr das Licht habt, glaubet an das Licht, auf daß ihr Söhne des Lichtes werdet.*[34] Mit diesem Satz schließt das Gespräch mit den Griechen.

Im 12. Kapitel wird der Name Lazarus viermal erwähnt. Eine Betonung, die nicht überhört werden darf. Vom 13. Kapitel ab folgen dann die Hinweise auf den *Jünger, den der Herr lieb hatte*. Im Nachtrag (im 21. Kapitel) wird schließlich das Geheimnis gelüftet: *Dies ist der Jünger, der alles dies bezeugt und niedergeschrieben hat* –: Lazarus-Johannes.

Erst vom Gründonnerstag an ist dieser Lazarus-Johannes in Jerusalem inmitten der Jünger; er, der letzte, ist nun der erste geworden. *Als aber vor dem Passahfest Jesus wußte, daß die Stunde gekommen sei, da er aus dieser Welt zum Vater hinübergehen sollte, erfüllt von Liebe zu den Seinen in dieser Welt, führte er diese Liebe zu ihnen bis zur Vollendung. Und bei dem Mahl, da schon der Teufel dem Judas, Simons Sohn, dem Iskarioten den Verrat ins Herz eingeflößt hatte, erkannte Jesus, daß der Vater ihm alles in die Hände gegeben hatte. Er war erfüllt in seinem Bewußtsein, daß er von Gott ausgegangen sei und zu Gott hingehe. Da stand er vom Mahle auf, legte sein Obergewand ab, nahm einen Schurz und umgürtete sich. Dann goß er Wasser in ein Reinigungsbecken und begann, seinen Jüngern die Füße zu waschen . . .*[35]

Diese so einprägsame Handlung Jesu wird nur von Johannes überliefert. Sie steht an der Stelle, wo die Synoptiker über die Stiftung des Neuen Bundes beim letzten Abendmahl berichten. Die Feier der Eucharistie (Abendmahl) wird von Johannes nicht erwähnt. Statt dessen handelt schon das 6. Kapitel ausführlich vom Essen und Trinken des Leibes und Blutes Christi: *Werdet ihr nicht essen den Leib des Menschensohnes und trinken sein Blut, so habt ihr kein Leben* [zoè] *in euch.*[36]

Um was handelt es sich im überzeitlichen Sinne bei der Fußwaschung? Jesus wäscht seinen Jüngern die Füße, das heißt, er leistet ihnen einen Dienst, der im Orient bis heute vor der Einnahme eines Mahles vielfach üblich ist und in der Regel einst von Sklaven geleistet wurde. Nach vollzogener Tat sucht Jesus Verständnis bei den Jüngern für die Grundgesinnung zu wecken, aus der er gehandelt hat.

Er sagte zu ihnen: *Habt ihr verstanden, was ich an euch getan habe? Ihr nennt mich: «Der Lehrer» und «Der Herr» und dies mit Recht. Denn ich bin es.* Also nichts von demokratischer Gleichmacherei in einem Zusammenhang, wo Demokratie ihre Grenze finden muß und das spirituelle Vermögen allein entscheiden darf. Die Grenze zwischen dem Meister und seinen Schülern wird nicht verwischt. Jesus betont sie ausdrücklich. Aber: *Wenn nun ich der Herr und Meister euch die Füße*

*Jesus zieht in Jerusalem ein. Aus einem Altar des Meisters Bertram.
Hannover, Museum für Kunst und Landesgeschichte*

gewaschen habe, so seid auch ihr verpflichtet, einander die Füße zu waschen. An diesen Satz hat sich manches Mißverständnis angeschlossen, indem versucht wurde, ihn wortwörtlich zu befolgen. Darum aber ging und geht es nicht. Jesus fuhr fort: *Wahrlich, wahrlich ich sage euch: der Sklave ist nicht größer als sein Herr, noch ein Bote mehr als der ihn sendet. Wohl euch, wenn ihr das versteht und danach handelt.*[37]

Mit unseren Worten läßt sich der Sinn der Fußwaschung vielleicht so aussprechen: Wer in einer Gemeinschaft oder Gesellschaft die Führung innehat, erwerbe dieses Recht durch den selbstlosen Dienst an den Geführten. Autorität als solche hat keine soziale Gültigkeit. Wer «Herr-und-Meister-sein» für sich in Anspruch nehmen will, wird sich nur in seinem Amt bestätigt fühlen dürfen durch die Stärke seiner eigenen Hingabe an die Abhängigen. Dies gilt für alle gesellschaftlichen Bildungen und ihre Führung. Die Gesinnung der Fußwaschung gibt den Maßstab: für den Leiter eines Betriebes wie für den Lehrer einer Klasse, für den Pfarrer einer Gemeinde wie das Oberhaupt eines Staates: Führung als Dienst an den Geführten.

Es ist, als ob Johannes, indem er den Bericht über die Fußwaschung in sein Evangelium aufnahm, eine Ergänzung zum Heiligen Mahl gegeben hat. Was als Opfergesinnung wirksam wird durch die Selbsthingabe Jesu Christi mit dem Brot und Wein an seine Jünger, wird durch die Fußwaschung in das soziale Leben von Mensch zu Mensch übergeführt. Dies ist in der Geschichte des Christentums oft sentimental mißverstanden worden, könnte aber heute aus neuer Einsicht als Leitlinie einen nicht geringen Beitrag zur Lösung des sozialen Gesellschaftsproblems im 20. Jahrhundert ergeben.

Unmittelbar nach der Fußwaschung tritt nun *der Jünger, den Jesus lieb hatte* in Erscheinung. Er ist es, der bei dem nun folgenden Mahl an der Brust Jesu lag. Sicher hat es seine Berechtigung, wenn in den Kommentaren zum Evangelium darauf hingewiesen wird, daß dieses «an der Brust liegen» aus den damals zu den Juden gedrungenen Tischsitten der Römer und Griechen zu verstehen sei. Man saß nicht bei feierlichen Mahlzeiten, sondern lag auf Polstern so, daß man auf den linken Arm gestützt mit der Rechten speiste, während die Füße nach hinten gestreckt waren. Doch deutlich sollte auch sein, daß das Bild: «an der Brust Jesu» mehr aussagen soll. Im griechischen Text wird das Wort «kolpos»[38] gebraucht, das gleiche, das im Prolog des 1. Kapitels mit «Schoß» übersetzt wird: *der eingeborene Sohn, der in des Vaters Schoß ist.* Hier kann ja kein Zweifel über das bestehen, was gemeint ist. Und so auch sollte die realistische Erklärung durch einstige Tischsitten nicht die eigentliche Absicht des Evangelisten verdecken: Der Jünger, den der Herr lieb hatte, war auch der seinem Herzen innerlich Nächste.

Die Fußwaschung. Evangelienbuch Ottos III., um 1000.
München, Staatsbibliothek

Das letzte Abendmahl. Kölner Schule, um 1316.
Köln, Wallraf-Richartz-Museum

Nicht Petrus, sondern Lazarus-Johannes ist für die entscheidenden Stunden von Gründonnerstag und Karfreitag das Haupt des Jünger-Kreises. Dies tritt zutage, als Jesus von seinem Tode spricht und von dem Verrat, der den Tod herbeiführen wird: *Einer von euch wird mich verraten. Da sahen sich die Jünger untereinander an, ratlos, von wem die Rede sei. Einer von seinen Jüngern lag an der Brust Jesu, der, dem Jesus in Liebe verbunden war. Diesem winkte Petrus zu und sagt zu ihm: Frage doch, wer es ist, den er meint. Der beugt sich an die Brust Jesu zurück und fragt ihn: Herr, wer ist es? Jesus antwortete: Der ist es, dem ich den Bissen eintauchen und geben werde. Und er tauchte den Bissen ein, nahm ihn und gab ihn Judas, dem Sohne des Iskarioten Simon. Und nachdem er den Bissen genommen hatte, fuhr der Satan in ihn hinein. Da sprach Jesus zu ihm: Was du tust, das tue bald!* Niemand *von denen am Tische verstand, was er damit meinte. Einige vermuteten, weil Judas die Kasse verwaltete, Jesus sage zu ihm, kaufe ein, was wir zum Fest brauchen. Oder er solle den Bettlern etwas geben. Als jener nun den Bissen genommen hatte, ging er sogleich hinaus. Es war aber Nacht.*[39]

Scharf konturiert sind hier drei Gestalten des Jünger-Kreises: Johannes, Petrus und Judas. Petrus anerkennt mit Naturinstinkt die neue Rangordnung. Jetzt ist er nicht mehr der Wortführer des Kreises. Aber er macht sich soweit zu dessen Stimme, daß er das Bedrückende der Situation durchbricht und Johannes den Wink gibt, vom Meister die Person des Verräters zu erfragen. Denn dem Johannes allein kommt es jetzt zu – das wird hörbar zwischen den Zeilen –, die Schicksalsfrage nach dem Verräter zu stellen. In der Zeichensprache der Bissensreichung wird ihm die Antwort gegeben.

Noch ein anderes sollte beachtet werden, das speziell johanneischen Geist atmet. Johannes verkündet in seinem Evangelium den kosmischen Christus unter den beiden Worten: Leben [zoè] und Licht [phos]. Nun geht es dem irdischen Ende des Lebens Jesu Christi entgegen. Judas, dem erst der Teufel[40] [diabolos] den Verrat ins Herz eingeflößt hatte, in den nun der Satan[41] einschlug, geht schweigend hinaus, zu tun, was er nicht mehr lassen konnte. Da verdunkelt sich die Welt, es wird finster: *und es war Nacht* – das Licht war für ihn erloschen.

Unmittelbar nachdem Judas den Raum verlassen hat, faßt Jesus das Geschehen der Fußwaschung und des Abendmahls in dem Satz zusammen: *Einen neuen Auftrag gebe ich euch, daß ihr einander lieben sollt. So wie ich euch geliebt habe, so sollt auch ihr untereinander in Liebe verbunden sein. Daran werden alle erkennen, daß ihr meine Schüler seid, wenn Liebe unter euch waltet.*[42]

Dies ist die zentrale Christusbotschaft von der Liebe, der Agape. Um sie und um nichts anderes geht es im Christentum: um die Agape. Sie macht das Wesen Jesu Christi aus. Ob jemand Christ ist oder nicht, hängt nicht so sehr von seinem Bekenntnis oder seiner Erkenntnis ab, sondern allein von seinem Anteil an der Agape.

Petrus spürt den Todesernst, der in dieser Stunde in den Worten seines Meisters mitschwingt. Er kann es aber mit seinem Bewußtsein nicht umfassen. So stellt er naiv die Frage: *Herr, wo gehst du hin?* Jesu Antwort: *Wo ich hingehe, dahin kannst du mir jetzt nicht folgen, wohl aber wirst du mir später folgen.* Petrus vermag sich nicht zu bescheiden: *Herr, warum kann ich dir dieses Mal nicht folgen? Ich will meine Seele für dich hingeben. Jesus antwortet ihm: Du willst deine Seele für mich hingeben? Die Wahrheit sage ich zu dir: Noch ehe der Hahn kräht, wirst du mich dreimal verleugnet haben.*

Nach dem Bericht der Synoptiker geht Jesus nun mit seinen Jüngern hinaus aus der Stadt hinunter ins Kidrontal. Dort lag am Fuße des Ölbergs ein Garten, der zu einem Hof mit Namen Gethsemane gehörte. Dies war für den Jünger-Kreis ein vertrauter Ort ihrer Zusammenkünfte. Judas kannte die Stätte.

Jesus nahm nun den innersten Kreis, Petrus und die beiden Zebedäus-Söhne Jakobus und Johannes, beiseite und bat sie um ihren Beistand. Nach Lukas: «Und es kam, daß er mit dem Tode rang [wörtlich: da er von der Agonie ergriffen wurde] und stärker betete. Da wurde sein Schweiß zu Blut und fiel in Tropfen zur Erde.»[43] Wer diese Schilderung ernst nimmt, wird aufhören, von der Furcht und der Angst zu reden, die Jesus vor dem Tode gehabt haben soll.

Dieser Bericht des Lukas – er war ja der Tradition nach von Beruf ein Arzt – schildert eine wirkliche Agonie, einen Todeskampf. Denn auch ohne die tödliche Gegnerschaft neigte sich das Leben Jesu seinem Ende zu. Es fehlen uns hier die geeigneten Begriffe. Vielleicht darf man es tastend so ansprechen: Die Geisteskraft Jesu Christi, des göttlichen Geistes im Menschen Jesus von Nazareth, hatte den irdischen Leib wie verzehrt. Er war wie verbrannt, seine physische Kraft verbraucht. Alles kam darauf an, noch bis zum Ende, bis zum Tode am Kreuz durchzuhalten. Dem galt die Bitte zum Vater-Gott um Stärkung und zu den Jüngern um Beistand. Die Jünger aber schliefen.

Von alldem berichtet Johannes nichts. Statt dessen vermittelt er in seinem Evangelium mit den «Abschiedsreden» und dem hohenpriesterlichen Gebet die Summe und Quintessenz des johanneischen Christentums. Sie nehmen einen weiten Raum ein und führen vom Ende des 13. bis zum 17. Kapitel.

Es kann keinem Zweifel unterliegen: der «Lieblingsjünger» Johannes war bei dem Ringen im Garten Gethsemane selbst weder wachend noch schlafend dabei. So erfahren wir nur von ihm: *Da Jesus solches geredet hatte, ging er hinaus mit seinen Jüngern über den Bach Kidron; da war ein Garten, da hinein ging Jesus und seine Jünger mit ihm. Judas aber, der ihn verriet, kannte diesen Ort auch. Denn oft hatte Jesus sich dort mit seinen Jüngern versammelt.*[44]

Seltsamerweise berichtet Johannes dann ausführlich die Gefangennahme. Sollte er der von Judas angeführten Söldnerschar, die mit Fakkeln und Waffen ausgegangen waren, aus der Ferne gefolgt sein? Wir müssen diese Frage offen lassen, wohl aber darauf aufmerksam machen, daß er wenige Zeilen später andeutet, er habe das erste Verhör durch Hannas und Kaiphas miterlebt. Jedenfalls möchten wir den Hinweis so deuten, den er, und nur er, gibt: *Simon Petrus aber folgte Jesu nach und ein anderer Jünger. Dieser Jünger war dem Hohenpriester bekannt und ging mit Jesu hinein in den Palast des Hohenpriesters. Petrus mußte draußen vor dem Tore stehen bleiben.*[45]

Dieser andere Jünger kann nur Lazarus-Johannes gewesen sein. Denn wer von den Fischern vom See Genezareth hatte ohne weiteres Zugang zum hohenpriesterlichen Palast? Johannes allein, der noch immer zum Stande der «Obersten und Schriftgelehrten» gehörte. Und so dürfen wir weiter schließen: Johannes ist der einzige Augenzeuge unter den Freunden Jesu, der von nun ab an allem, was geschah, teilnahm.

Gerade dies läßt sich vom Kreise der zwölf Jünger nicht sagen. Petrus gelangte bis «vor das Tor» – dort blieb er – und verleugnete. Was sich da im ganzen abgespielt hat, ist eine einzige Tragödie des guten, aber zu schwachen Willens der Jünger, in Treue zu folgen. Matthäus faßt diese Katastrophe allgemein-menschlichen Versagens in den einen Satz: «Da verließen ihn alle Jünger und flohen» – nach der Gefangennahme durch die Kriegsknechte. Und in Sonderheit: Der innerste Kreis schlief, als er ein einziges Mal um «eine Stunde Wachsamkeit» von seinem Meister gebeten wurde. Der Wortführer Petrus verleugnete in der Entscheidungsstunde dreimal. Und einer der Zwölf, die so lange tagtäglich beieinander waren, wurde zum Verräter. Von keinem hören wir, daß er am nächsten Tage auf Golgatha war. Nur der Jünger, *den der Herr lieb hatte*, stand unter dem Kreuz – und die Frauen.

Wir haben, wie wir sahen, allen Grund, in Johannes dem Evangelisten einen Augenzeugen von dem, was vor und auf Golgatha geschah, anzunehmen. Auf dem Höhepunkt – oder genauer: dem Tiefpunkt – der Ereignisse spricht er es selbst aus. Jesus Christus blickt vom Kreuz herunter auf die wenigen Getreuen, die geblieben waren, auf die Frauen und auf *den Jünger, den er lieb hatte.* Diese Tatsache hat von jeher die Empfindungen der Christen zutiefst berührt: die Frauen und Johannes unter dem Kreuz! Gibt es ein Motiv neben der Gottesmutter mit dem Kinde, das auf die Malerei im Christentum so nachhaltig eingewirkt hat wie die Kreuzigung Jesu Christi und die kleine Menschengruppe unter dem Kreuz?

Seltsamerweise tragen die drei Frauen, die Johannes mit Namen nennt, den gleichen Namen: Maria. Jesu Mutter – doch wird ihr Name nicht genannt –, ihre Schwester, die Frau des Klopas, gleichfalls Maria genannt, und Maria Magdalena. Ihnen gegenüber, als einziger Mann, Johannes. Also äußerlich gesehen: ein Schwesternpaar und die Geschwister Maria von Magdala und Lazarus-Johannes.

Es bedarf eigentlich nicht mehr des Hinweises, daß alles, was über Golgatha faktisch berichtet wird, zugleich geistig transparent genommen werden muß. Es sei daran erinnert, daß auf älteren Darstellungen über den Armen des Gekreuzigten oft Sonne und Mond hinzugefügt worden sind, und zwar in der Regel über dem rechten Arm die Sonne, über dem linken der Mond. Dementsprechend stehen links vom Betrachter die Mutter Gottes und rechts Johannes. Auf diese Weise wurde angedeutet, daß das Ereignis zugleich ein irdisches und ein kosmisches war.

So will auch das vom Kreuz gesprochene Wort physisch und gleicherweise geistig verstanden sein: *Als Jesus nun seine Mutter sah und den Jünger dabeistehen, den er liebhatte, spricht er zu seiner Mutter: Frau, das ist dein Sohn. Darauf sagt er zu dem Jünger: Das ist deine Mutter. Und von dieser Stunde an nahm der Jünger sie zu sich in das Seinige auf.*[46]

Diese Szene wirkt wie ein testamentarisches Vermächtnis, durch das Johannes die Fürsorge für die Mutter nach dem Tode Jesu an Sohnes Statt übernehmen soll. Das trifft auch die irdische Realität. Wir werden später sehen, wie seit diesem Tag das Schicksal die beiden Menschen, Maria und Johannes, eng miteinander verband und sie nach Ephesus führte.

In allen Epochen des Christentums, in denen im Evangelium der spirituelle Hintergrund gesucht wurde, hat man zugleich das Symbolische, das Gleichnishafte dieser Golgatha-Stunde empfunden. Der ster-

Kreuzigung. Gemälde von Carlo Crivelli. Mailand, Brera

bende Gott am Kreuz offenbart als kosmisches Wesen («da verlor die Sonne ihren Schein und die Erde erbebte») das Geheimnis, das Mysterium der Erde und der Menschenzukunft. Unter seinen Blicken und seinen ans Kreuz genagelten und doch segnenden Händen wird in der Mutter das «Ewig Weibliche» und in Johannes das «Ewig Männliche» im Menschen zur Einheit verbunden und erhöht. Seele wird mit Geist, die «Jungfrau Sophia» mit dem von Christus auferweckten Ich des Lieblingsjüngers verbunden – ein Spiegel für alles tiefere Menschwerden im Sinne eines esoterischen Christentums. Darum nimmt es auch nicht wunder, daß wir von dieser Seite des Geschehens auf Golgatha bei Matthäus, Markus und Lukas nichts erfahren. An diese spirituellen Höhen und Tiefen des Sterbens Jesu Christi reichten sie nicht heran. Allein der von Jesus Christus in die verborgenen Daseinsgeheimnisse eingeweihte Johannes vermochte dem Ausdruck zu geben. Er ist es auch, in dessen Ohr das letzte Wort vom Kreuze her drang: *Es ist vollbracht*, und dessen Augen sahen: ... *er neigte das Haupt und hauchte seinen Geist aus.*

Als dann die Kriegsknechte kamen, um den drei Gekreuzigten *die Beine zu brechen*, stand Johannes immer noch unter dem Kreuz. Er sah, wie sie diesen rohen Gewaltakt vollzogen, um dem Verurteilten auf jeden Fall endgültig den Tod zu geben. Bei Jesus geschah dies nicht, denn er war schon gestorben. Der Lanzenstoß in die Seite hatte es erwiesen: Blut und Wasser flossen aus dem Leichnam.

Am Ende seines Berichts vom Sterben Jesu gibt Johannes für einen Augenblick seine sonst geübte Zurückhaltung auf und beteuert: *Und der das mit seinen Augen gesehen hat, der bezeugt es, und sein Zeugnis ist wahr. Er weiß es, daß er die Wahrheit ausspricht, auf daß ihr euch mit Glauben erfüllt.*[47]

Es liegt keine Veranlassung vor, die Selbstaussage zu bezweifeln, daß Johannes bei der Kreuzabnahme Jesu und seiner Grablegung beteiligt war.

Kreuzabnahme mit Joseph von Arimathia und Nikodemus.
Externsteine, Teutoburger Wald

Beweinung Christi. Fresko von Giotto. Padua, Cappella Scrovegni

DIE GRABLEGUNG

Stunden höchster Gefahr haben oft Offenbarungscharakter. Rangordnungen, die im Alltag lange Zeit ihre Gültigkeit hatten, werden in der Not oft völlig zerbrochen. Menschen, die bislang an der Spitze standen, verschwinden in den Hintergrund, wesentliche Verantwortung übernehmen andere, die bis zu dem entscheidenden Augenblick unscheinbar in Reih und Glied ihre Pflicht erfüllten. So war es auch am Tag von Golgatha.

Wir sahen: unter dem Kreuz standen nur die Frauen und der «Lieblingsjünger». Keiner der Zwölf war zur Stelle – auch Petrus nicht. Dafür traten nun die beiden Männer in Erscheinung, die gleich Lazarus während der drei Jahre Erdenwirkens Jesu Christi im Gegenlager ausgehalten hatten: Joseph von Arimathia und Nikodemus; beide Ratsherren, die viel zu verlieren und im äußeren Sinne nichts zu gewinnen hatten. Darum war ihr Eintreten am Karfreitagnachmittag für den als Verbrecher Gekreuzigten ein Akt großen Mutes. Mögen sie bis dahin noch äußere Zurückhaltung geübt haben, nun aber traten sie rückhaltlos in Erscheinung.

Danach bat Joseph von Arimathia, der ein Schüler (Jünger) *Jesu war – aus Furcht vor den Juden bislang nur im Verborgenen – den Pilatus, daß er den Leib Jesu abnehmen dürfe. Und Pilatus gestattete es. Da kam er und nahm den Leib herab. Es kam aber auch Nikodemus, der einst bei Nacht zu Jesus gekommen war, und brachte eine Mischung von Myrrhenharz und Aloe mit, wohl an die hundert Pfund. Da nahmen sie den Leichnam Jesu und umwanden ihn mit den balsamdurchtränkten Binden, so wie es Begräbnissitte bei den Juden war.*

Es war aber nahe an der Stätte, da er gekreuzigt wurde, ein Garten, im Garten ein neues Grab, in das noch niemand gelegt worden war. Dorthin nun legten sie Jesus. Denn es war Rüsttag und das Grab nahe.[48]

Der letzte Satz setzt die Kenntnis voraus, daß am Sabbat, dem nächsten Tag, ein Begräbnis wegen der allgemeinen Festtagsruhe verboten war. Darum war es ein besonders günstiger Umstand, daß der Garten mit dem neuen Grab in unmittelbarer Nähe lag. Für Johannes verstand es sich von selbst, so daß er es nicht besonders betonte, was Matthäus mitteilt: Joseph von Arimathia war ein reicher Mann. Ihm gehörte der Garten und das in einen Felsen eingeschlagene Grab. Von den Synoptikern erfahren wir überdies, daß der intime Kreis von Freunden, der unter dem Kreuz ausgehalten hatte, vor allem die Frauen, bis zur Grabesstätte folgten. Als das Grab durch einen großen Felsblock geschlossen war, blieben Maria Magdalena und «die andere Maria» noch vor dem Grabe sitzen. Dann brach die Nacht an.

Grablegung. Evangeliar aus Limoges.
New York, Pierpont Morgan Library

Der Karsamstag ist für Johannes in Schweigen gehüllt. Er berührt ihn mit keinem Wort.

Doch in der Osternacht, *in der Morgenfrühe, da noch die Dunkelheit waltete,* vor Sonnenaufgang machte sich Maria Magdalena auf den Weg zum Grab. Nach den Synoptikern ist sie nicht allein – aber alle nennen ihren Namen an erster Stelle. Nach dem Bericht des Johannes, ihres Bruders, ist sie am Ostermorgen der erste Mensch am Grab des Auferstandenen. Doch sie sieht nur, daß der Stein, der das Grab verschlossen hatte, beiseite gewälzt ist. Eilend kehrt sie um. In voller Bestürzung trifft sie Simon Petrus – hier wird sein Name zum erstenmal nach seiner dreifachen Verleugnung wieder genannt – und *den anderen Jünger, welchen Jesus lieb hatte.* Sie vermag die wahrgenommene Öffnung des Grabes sich nur so zu denken: *Man hat den Herrn aus dem Grabe fortgenommen, und wir wissen nicht, wo man ihn hingelegt hat.*[49]

Sofort machten sich die beiden Männer auf den Weg. Erregt begannen sie zu laufen. *Es liefen aber beide zusammen. Der andere Jünger eilte voraus, schneller als Petrus. So kam er als erster zum Grabe. Er beugte sich vor, sieht die Binden liegen, ging aber nicht in das Innere des Grabes. Jetzt kam auch Simon Petrus ihm nach, betrat sofort das Grab und sieht auch die Binden und das Schweißtuch, das sein Haupt bedeckt hatte, nicht bei den Binden, sondern beiseite für sich zusammengewickelt an einem besonderen Ort.*[50]

Nun erst folgt Johannes dem Petrus in das Innere des Grabes. Das Evangelium betont noch einmal ausdrücklich: *Darauf ging nun auch der andere Jünger hinein, der als erster an das Grab gekommen war, sah es und glaubte.*

Die zweimalige Betonung im Text, daß der «andere Jünger» als erster am Grab eintraf, berührt zunächst merkwürdig und scheint nicht zu dem überpersönlichen Stil des Evangelisten zu passen. Sollte hier doch menschlicher Ehrgeiz sich geltend machen? Es ist aber zu bedenken, daß es in den urchristlichen Gemeinden als wesentlich empfunden wurde: Welcher Jünger war nach Maria Magdalena als erster am Grab des Auferstandenen? Vielleicht wurde dies aus verständlichen Gründen von den Petrus-Schülern in der Absicht, ihn nach der Verleugnung rehabilitiert zu wissen, besonders hervorgehoben. Dann wäre es sachlich begründet und verständlich, warum Johannes den «Wettlauf» der beiden zum Grab bis ins einzelne genau festhielt.

Wichtig sind die Worte: *Und er sah und glaubte.* Hier handelt es sich sozusagen um ein johanneisches Urphänomen. Auch Maria hatte gesehen, aber nicht «geglaubt», sondern sich sofort, menschlich verständ-

Jesus erscheint der Maria Magdalena. Fresko von Giotto. Padua, Cappella Scrovegni

lich, den irrigen Gedanken gebildet: der Leichnam ist fortgebracht worden. Johannes hingegen nimmt alles in Ruhe wahr. Obwohl er noch nicht erkennt, was sich zugetragen hat, ist er doch voller Zuversicht. *Er glaubte,* heißt an dieser Stelle: er ahnte die Auferstehung, obwohl er das Ereignis noch nicht mit vollem Bewußtsein erfaßte. Darum der Zusatz: *Denn noch hatten sie die Schrift nicht verstanden, daß er von den Toten auferstehen müßte.* Seine Seele ist von dem Osterereignis berührt, auch wenn sein Geist es noch nicht erschaut. *Dann gingen die Jünger wieder nach Hause.*

Inzwischen ist auch Maria Magdalena wieder zum Grab zurückgekehrt. Sie ist außer sich vor Schmerz. Die physische Welt entgleitet ihr, weinend nimmt sie eine andere Welt wahr: Zwei Gestalten tauchen vor ihren Blicken auf, die überirdisch leuchten, wie zu Häupten und Füßen des Grabes: Engel. An ihr Ohr dringt es wie eine Frage: *Frau, warum weinst du?* Sie versucht eine Antwort zu geben: *Weil sie meinen Herrn fortgenommen haben und ich nicht weiß, wo man ihn hingebracht hat.*

Sie hält auch in dem tiefsten Kummer an ihrem so verständlichen Irrtum fest: Das Grab ist leer – also muß der Leichnam durch fremde

Hand fortgenommen sein. Ihre Seele vermag – das bringt sie dem Bewußtsein des Gegenwartsmenschen so nahe – den wahren Vorgang nicht zu durchschauen.

Nun wendet sie sich rückwärts. Wieder erscheint vor ihren durch Tränen für diese Welt getrübten Augen eine Gestalt. Es ist der Auferstandene selbst; sie aber erkennt ihn nicht. Wieder vernimmt sie Worte: *Warum weinst du – wen suchst du?* Sie vermeint, der Fragende sei der Gärtner, und so spricht sie auch ihn an: *Herr, hast du ihn fortgetragen, so sage mir doch, wo du ihn hingelegt hast, dann werde ich ihn holen.*

Magdalena hat nur eine Erklärung für das leere Grab: daß der Leichnam geraubt worden ist. Ihre Gefühle und Empfindungen sind schmerzbetäubt. So gerät sie außer sich – und wird für die unsichtbare Welt hellsichtig. Es begegnen ihr zuerst zwei Engel, dann der Auferstandene selbst. Doch sie weiß in ihrem Zustand nicht zwischen der Sinneswelt und der Geisteswelt zu unterscheiden. So fragt sie schließlich den Auferstandenen selbst, wo er seinen Leib hingetan habe.

Dies ist der Augenblick, da sich ihr der Vorhang öffnet. Jesus nennt sie bei ihrem Namen: *Maria.* Der vertraute Klang weckt sie aus ihrer dumpfen Schmerzverlorenheit. Jubelnd wendet sie sich um zu der Sphäre des Auferstandenen, sagt: *Rabbuni* (d. h. Meister) – und streckt ihm sehnsüchtig die Arme entgegen. Noch kann sie nicht klar die zwei Welten unterscheiden, in denen er und sie leben. So muß sie das Einhalt gebietende Wort entgegennehmen: *Noli me tangere – Berühre mich nicht!*[51]

Doch Maria Magdalena wird nicht nur zurückgewiesen. Ihr wird jetzt der Auftrag erteilt, den Brüdern Botschaft von dem Auferstandenen zu bringen: *Sage ihnen: Ich steige empor zu meinem Vater und zu eurem Vater, zu meinem Gott und zu eurem Gott.* Eilends kehrt Maria Magdalena um und bringt den Jüngern die Kunde: *Ich habe den Herrn geschaut, und solches hat er zu mir gesagt*

Ehe der Versuch unternommen werden soll, das Erlebnis der Maria Magdalena bzw. die Auferstehung Jesu Christi mit dem Bewußtsein eines Menschen des 20. Jahrhunderts zu verstehen, folge erst der weitere Bericht des Johannes, wie der Auferstandene am Abend des ersten Ostertages den Jüngern begegnet.

Die Perikope Joh. 20,19–23 lautet: *Als es nun an jenem Tage Abend geworden war und aus Furcht vor den Juden die Türen am Versammlungsort der Jünger verschlossen waren, da kam Jesus, trat in ihre Mitte und sprach zu ihnen: Friede sei mit euch! Und als er das gesagt hatte, zeigte er ihnen die Hände und die Seite. Da ergriff Freude die Jünger, wie sie den Herrn schauten. Dann sprach er wiederum zu ihnen: Friede sei mit euch. So wie mein Vater mich ausgesandt hat, so sende auch ich*

Auferstehung. Aus einem Altar des Huchon de Boulogne, um 1390. Antwerpen, Musée Mayer-van-den-Bergh

euch. Und da er das gesagt hatte, hauchte er sie an und spricht zu ihnen: Ergreifet den Heiligen Geist. Wen ihr von den Sünden befreit, er ist befreit. Und wen ihr im Bann seiner Sünden verhaftet laßt, der bleibt verhaftet.

Die Auferstehung Jesu Christi ist die zentrale Tatsache aller christlichen Verkündigung. Denn das Christentum als Welt- und Menschheitsreligion hat seinen Ausgang nicht von einer neuen Lehre genommen, wie zum Beispiel der Buddhismus. Dieser ist seinem Wesen nach die Lehre von dem achtgliedrigen Pfad. Demgegenüber verkündet das

Christentum Ereignisse: Die Menschwerdung Gottes in Jesus Christus und die Verwandlung des irdischen in den verklärten Leib des Auferstandenen. Das war das einende Band, das alle Christen, mochten sie sich in der Auslegung noch so sehr unterscheiden, verband – bis sie selbst begannen, am Inhalt der eigenen Verkündigung zu zweifeln.

Nach seinem Erlebnis vor Damaskus gilt für Paulus: «Wenn Christus nicht auferstanden ist, so ist unsere Verkündigung [kerygma] ohne Inhalt, so ist euer Glaube leer. Wir würden als Lügenpropheten Gottes erfunden ...»

Paulus beruft sich darauf, daß vor ihm – außer den Jüngern – schon «fünfhundert Brüder» den Auferstandenen geschaut haben. Es ist selbst heute kein Gegenargument, zu sagen: «Da ich mir so etwas wie die Auferstehung nicht vorstellen kann, kann sie nicht geschehen sein.» Derlei simple Logik reicht nicht aus, weil der allein durch Naturwissenschaft geschärfte Verstand unfähig ist, das Oster-Mysterium zu begreifen.

Unsere Zeit steht auch heute noch – trotz vielfacher Ableugnung – im Banne des Materialismus, der davon ausgeht, daß «alles, was geworden ist», aus der Urmaterie stammt. Diese Auffassung reicht von Laplace und La Mettrie über Ernst Haeckel bis zu Jacques Monod.

Demgegenüber steht die Lehre des Johannes: *Im Urbeginne war das Wort – der Logos – dieses war im Urbeginne bei Gott – und ein Gott war der Logos.* Alles, was geworden ist, ist aus diesem ursprünglichen, allem irdischen Werden vorausgehenden und zugrunde liegenden Geistwort entstanden. Der Schöpfungsbericht der Genesis ist für Johannes etwas selbstverständlich Gültiges. Sein eigener Prolog bringt den gleichen Inhalt mit neuen Worten. Schöpfung und Sündenfall sind für ihn Tatsachen. Wer die Welt verstehen will, muß durch die gottentfremdete Dingwelt bis zum Urgrund schauen lernen, denn jedes Wesen hat seinen verborgenen Geist. Ein einziges Mal – so Johannes – wurde diese Zuständlichkeit der Erdenwelt durchbrochen: *Und das Wort ward Fleisch und wohnte unter uns und wir schauten seine Offenbarung, die Offenbarung des vom eingeborenen Sohne des Vaters, erfüllt von Hingabe und Wahrheit.*

Was am Anfang aller Schöpfung war, das göttliche Schöpfungswort, inkarnierte sich in der «Mitte der Zeit» in einem Menschen. Von der Jordantaufe bis Golgatha ging es in einem Menschenleib drei Jahre hindurch über die Erde, bis Haß und Verrat es mordeten. Doch der Kampf des Lichtes mit der Finsternis war damit nicht beendet. Nach «drei Tagen» wurde der im Grab liegende, sterbliche Leib durch die Macht des göttlichen Geistes aufgelöst und in eine unsterbliche Gestalt verwandelt. Als solche erschien sie der Maria Magdalena, den Jüngern, den 500 Brüdern, dem Paulus – später dem Johannes auf Patmos.

Ist dies alles «unvorstellbar»? Verlangt es einen naiven Wunderglauben, das Opfer des Intellekts (sacrificium intellectus)? Oder muß man sich, wie es öfters versucht wurde, Maria Magdalenas Erlebnisse als Wunschträume eines liebenden Weibes, die Erlebnisse der Fünfhundert als Massensuggestion, die Zusammenkunft der Jünger im Stil einer spiritistischen Sitzung und Paulus als einen von Halluzinationen befallenen Epileptiker denken, um vor der «Logik» zu bestehen?

Auch wenn die Erklärungsversuche nicht immer dieses Niveau haben, ist doch damit die Richtung gewiesen, in welcher der moderne Intellekt mit der Auferstehung zurechtzukommen, das heißt sie praktisch zu annullieren versucht. Dann kann man sie zwar «entmythologisieren», aber dem Christentum ist die Substanz genommen. Nicht anders ist es, wenn eine gewisse Strömung in der protestantischen Theologie zunehmend beteuert: «Auf's leere Grab kommt es nicht an. Das Christentum lebt nicht vom leeren Grab, sondern vom Glauben und Kerygma der Jünger und der urchristlichen Gemeinden.»[52] Eine solche Theologie steht im Widerspruch zum Christentum selbst.

Es gibt wohl kaum stärkere Zumutungen für den modernen Intellekt als die Osterberichte der Evangelien. Die Texte geben dem Leser zunächst keine Hilfen, wie sie zu verstehen seien. Sie unterscheiden nicht, was sich sinnlich-physisch und was sich übersinnlich-geistig zuträgt. Darum werden sie als «fromme Legenden» abgetan, denen kein historischer Wert zukommt. Will man es sich nicht so leicht machen, ist man gezwungen, sehr genau zu lesen. Wenn betont wird, daß die Jünger aus Angst vor den feindlich gesonnenen Juden die Türen geschlossen halten und dennoch Jesus unmittelbar in ihre Mitte tritt, so ist damit zugleich gesagt, daß die «Leiblichkeit» Jesu, die den Jüngern erschien, keine materiell-physische gewesen sein kann. Denn eine solche vermag nur durch eine geöffnete Tür den Raum zu betreten. Ein anderer Hinweis wird von Matthäus gegeben, indem er seinem Osterbericht hinzufügt: «. . . etliche aber zweifelten.» Damit ist deutlich betont, daß es sich nicht um eine physisch-materielle Erscheinung gehandelt haben kann; an einer solchen vermag man nicht zu zweifeln.

Aber offenkundig handelt es sich auch nicht nur um die Feststellung, daß der Geist Jesu Christi sich als unsterblich und unvergänglich erwiesen hat und daß dies von seinen Schülern nach seinem Tode mit größter Gewißheit erlebt wurde. Dafür sprechen alle Osterberichte allzu deutlich von konkreten Wahrnehmungen. Im Lukas-Evangelium sagt der Auferstandene es selbst zu den Jüngern: «Seht meine Hände und meine Füße, seht, daß ich es wirklich selbst bin. Fühlt mich und schaut: ein Geist hat weder Leib noch Bein, so wie ihr es an mir wahrnehmt.»[53]

Also ist der Leib des Auferstandenen doch physisch zu denken? Auch die dritte Oster-Perikope des Johannes rückt diese Frage erneut nahe: *Thomas aber, einer der zwölf, den man den Zwilling nennt, war nicht zugegen, als Jesus erschien. Da sagten die anderen Jünger zu ihm: Wir haben den Herrn geschaut. Der aber entgegnete: Wenn ich nicht in seinen Händen das Wundmal seiner Nagelung sehe und lege meinen Finger in sein Wundmal, meine Hand in seine Seite, so vermag ich es nicht zu glauben. Und nach acht Tagen waren sie wieder im inneren Raum versammelt, und Thomas war bei ihnen. Da erscheint Jesus, bei verschlossenen Türen, tritt in ihre Mitte und spricht: Friede sei mit euch! Dann richtet er das Wort an Thomas: Reiche deinen Finger her und siehe meine Hände, und gib deine Hand und lege sie in meine Seite. Sei nicht ungläubig, sondern gläubig-vertrauend. Thomas antwortete und sprach: Mein Herr und mein Gott! Erwidert ihm Jesus: Weil du mich geschaut hast, so glaubst du jetzt. Wohl denen, die nicht schauen und dennoch glauben.*[54]

Wieder wird betont: *bei verschlossenen Türen.* Doch der Glaube des Thomas kommt nicht durch die Begegnung mit dem Geiste Jesu Christi zustande, sondern durch «leibhafte» Berührung seiner Hände und Seite. Was der Maria Magdalena untersagt wurde, wird dem Thomas ausdrücklich zugestanden: die Berührung.

Es mag einen kleinen Schritt weiterführen, wenn man auf die Polarität im Verhalten der Maria Magdalena und des Thomas blickt. Sie, die allzu subjektiv-liebevoll Überströmende, wird auf sich zurückgewiesen. Er, der Zweifelnde, wird aufgefordert, seine Zurückhaltung zu überwinden, den Mut zur faktischen Wahrnehmung aufzubringen und «näher» zu kommen. Doch heißt es auch: *Wohl dem, der ohne Wahrnehmung bleibt und dennoch glaubt.* In dieser Lage befanden sich Millionen gläubiger Christen. Wenn sie auch selbst nicht schauten, vertrauten sie dennoch den großen Zeugen wie Franz von Assisi, Theresia von Ávila oder anderen Stigmatisierten, die Begegnungen mit dem Auferstandenen hatten und die eigenen Wundmale wie heilige Erinnerungszeichen an diese Erlebnisse trugen.

Man muß zunächst die eigene Gedankenohnmacht empfinden, ehe man das Mysterium weiter zu enträtseln sucht. Alles, was moderne Anatomie, Physiologie und Molekularbiologie an Kenntnissen über den menschlichen Leib und seine Lebensprozesse zutage gefördert haben, läßt uns im Stich, wenn wir uns um ein Verständnis der Auferstehung bemühen. Denn niemals liegt es im Sinne der christlichen Botschaft, insbesondere der des Johannes, das ganze Ereignis durch einen Scheintod oder nur als symbolischen Tod [doketismus] erklären zu wollen. Alle vier Evangelien geben ihre Darstellungen so, daß es sich nur um einen wirklichen Tod – heute würde man sagen: einen «klinischen Tod» – gehandelt haben kann, auf den Auflösung und Verwesung bzw. Verbrennung folgen. Jeder Versuch, das Ereignis als Wiederbelebung oder Auferweckung zu deuten, auf das dann ein weiteres Leben – wie bei Lazarus – bis zu einem zweiten, endgültigen Tode hätte folgen müssen, nimmt der christlichen Grundaussage ihre Bedeutung. Denn diese hat von eh und je gelautet: Jesus Christus hat den Tod – nicht den Scheintod – überwunden.

Wir kommen nur weiter, wenn wir uns sagen: die Evangelisten und so auch Johannes berichten von einem Ereignis, das so nie zuvor und nie danach stattgefunden hat. Dieses Ereignis widerspricht zunächst unseren Erfahrungen, die uns sagen, daß der Geist schwächer ist als der Leib, sobald der Tod an diesen herantritt. Darum sagt man, daß der Mensch im Tode «seinen Geist aufgibt».

Aber etwas anderes gehört doch auch in den menschlichen Erfahrungsbereich: Solange der Mensch gesund ist, besteht ein dynamisches Gleichgewicht zwischen Leib und Geist. Der Geist kann über den Leib triumphieren, so wie der Leib den Geist zu unterjochen vermag. Es gibt durchgeistigte Menschen, aber auch animalische oder vegetative Typen, bei denen das Geistige sich kaum geltend machen kann. Die Ursachen vieler Erkrankungen wie Herzinfarkt, Leber- und Nierenstörungen, Erkrankungen der Lunge, des Magens usw. können auf seelischem Felde liegen. Ungeistige Lebensführung rächt sich nicht nur bei chronischen Trinkern und Drogensüchtigen, sondern in jedem Falle auch leiblich. Nur braucht es nicht immer bewußt zu werden, nicht einmal durch Störungserscheinungen zutage zu treten.

Obwohl zweifelsfrei ein Zusammenhang zwischen ungeistiger Lebensführung und körperlichen Störungen besteht, betreten wir unsicheren Boden, wenn wir die Umkehrung zu denken versuchen. Solange Jesus Christus im Vollbesitz seiner Kraft ist, hören wir nichts von Krankheit oder Schwäche. Wohl aber heilt er die Krankheiten leidender Menschen. Streicht man die Heilungen aus dem Leben und Wirken Jesu Christi und beschränkt sich nur auf seine Lehre, sei es die in der Bergpredigt oder in den Abschiedsreden (nach Johannes) vermittelte, so ist sein Wesen völlig unzureichend erfaßt. Als «Heiland» erschien er den Menschen seiner Zeit und lebte in den Herzen der Gläubigen bis in die Neuzeit. Erst im 19. und 20. Jahrhundert ging dieses Christusbild fast ganz verloren, es blieb der weise Rabbi Jesus.

Für die Urchristen war Jesus der große Heiler der Menschheit, von Gott gesandt. Seine Kraft ging über auf alle, die an Gebrechen litten, griff in ihren Leib ein und ließ sie gesunden. «Und alles Volk begehrte ihn anzurühren, denn es ging eine Kraft von ihm aus, und er heilte sie alle.»[55]

Zu jeder Zeit hat es Menschen gegeben, die andere durch Übertragung ihrer eigenen Lebenskräfte zu gesunden vermochten; auch außerhalb des Christentums war es so. Darum erschöpft sich die Wesensschilderung Christi durch Johannes nicht in der Aussage: Er war ein großer Lehrer und ein großer Heiler. Beides zusammen geschaut: Spirituelle Lehre und Heilskraft des Geistes bis in die Leiblichkeit hinein vermag zu helfen, für das Ereignis von Golgatha Verständnis zu gewinnen.

Nie hat sich dem, was zwischen Karfreitag und dem Ostermorgen geschah, Verleichbares auf Erden ereignet. Daß ein Leichnam verwest und die Geistseele des Menschen nicht verwest, war den Menschen vergangener Zeiten undiskutierbare Gewißheit. Daß aber der Leichnam im Grabe nicht gefunden wurde, die Gestalt des Gekreuzigten seinen Jüngern wie leibhaft im Geiste erschien, war das unerhört Neue, von dem das Christentum seinen Ausgang nahm: Der Sieg des Geistes über die Materie, des Gottes über den leibhaftigen Tod. Wer diesen ereignishaften Ursprung des Christentums leugnet, hört auf, Christ zu sein. Doch muß jederzeit zugegeben werden:

Das Christentum so verstanden, bedeutet für das Bewußtsein des 20. Jahrhunderts eine Zumutung und Aufgabe, die nur durch außergewöhnliche Erkenntnisanstrengung gelöst werden kann. Der Glaube allein reicht nicht mehr aus. Erst in einem neugefundenen Erkenntnis-Christentum vermag auch der gläubige Mensch wieder ehrlich zu leben.[56]

Nach der Auffindung des leeren Grabes durch Maria Magdalena, durch den «Lieblingsjünger» und durch Petrus beschränkt sich das Johannes-Evangelium in der Darstellung der Erlebnisse des Auferstandenen auf drei Begebenheiten:

das Erlebnis der Maria von Magdala,
die Erscheinung Jesu Christi im Jünger-Kreis,
die «Bekehrung» des Thomas.

Dann schließt das Evangelium mit den beiden Versen: *Noch viele andere Zeichen* [semeia] *vollzog Jesus vor den Jüngern, die in diesem Buche nicht aufgeschrieben sind. Diese aber sind aufgeschrieben, damit ihr glaubet, daß Jesus ist der Christus, der Sohn Gottes, und daß ihr im Glauben das Leben* [zoè] *habt in seinem Namen.*[57]

So hat Johannes in dem Schlußsatz noch einmal seine ganze christologische Theologie eingefangen. Sie besagt: In dem Menschen Jesus von Nazareth hat sich die Messias-Prophetie des Volkes Israel erfüllt. Denn in Jesus wurde der Gottes-Sohn Mensch, der Christos. Dieser kam, um allen Menschen die Kraft des wahren, göttlichen Seins mitzuteilen, die sich ihm durch die Herzenskraft des Glaubens (der pistis) verbinden. Denen vermittelt er das Leben [zoè] der Ewigkeit, auf daß sie unsterblich leben – der Seele nach schon im Leibe, dann auf ewig nach dem Tode. Sie leben «in seinem Namen», das heißt im Wesen und in der Kraft des göttlichen und nicht des sterblichen «Ich bin».

Das Johannes-Evangelium schließt nicht mit dem 20. Kapitel ab, sondern es folgt noch ein 21. Kapitel. Aber dieses ist eindeutig ein Nachtrag. Mit dem 20. Kapitel wurde das Evangelium ursprünglich zu Ende geführt. Was darauf folgt, muß später hinzugefügt sein. Von wem? Darüber ist viel gerätselt worden. Walter Bauer[58] schreibt in seinem Kommentar: «Und zwar gilt es vielen als ausgemacht, daß dieser Zusatz aus fremder Feder stamme. Jedoch wirklich sichern läßt sich diese Auffassung nicht.» Die Mehrzahl der Theologen glaubt an einen anderen Verfasser. Doch niemand kann diese Meinung einleuchtend begründen.

Wie bei der Verfasserfrage des ganzen Evangeliums handelt es sich auch hier um eine Angelegenheit des geistigen Stilgefühls. Wer selbst keinen Zugang zu den spirituellen Untergründen des Evangeliums hat, ist ausschließlich auf äußere, also philologische oder historisch empirische Argumente angewiesen. Solche aber stehen hier nicht zur Verfügung. Deshalb entbehren die Stellungnahmen zur Autorschaft des 21. Kapitels nicht der Willkür und können darum wenig überzeugen. Deutlich aber ist, daß es Geist vom Geist des Johannes ist, ja, daß gerade dieser «Nachtrag» einen wesentlichen Schlüssel zum Ganzen liefert. Wir kennen keinen hinreichenden Grund, dieses Kapitel als Zusatz von fremder Hand zu nehmen – Johannes selbst muß es später hinzugefügt haben.

Das 21. Kapitel mündet in eine bestimmte Voraussage auf die Zukunft des «Lieblingsjüngers» und ist damit ein nicht unwesentlicher Bestandteil der «Biographie» des Johannes.

Das Kapitel ist dreigegliedert:

Jesus erscheint sieben Jüngern am See
von Tiberias V. 1–14
Jesus im Gespräch mit Petrus und dem
Lieblingsjünger V. 15–23
Der endgültige Abschluß des ganzen Evangeliums.

Wenn der Leser schon oft Anlaß hatte, den Text nicht im äußeren Sinne wörtlich zu nehmen, sondern als geistige Imagination zu verstehen, so ist er nun im 21. Kapitel gezwungen, die rein physische Ebene gänzlich zu verlassen. Die Erscheinung des Auferstandenen «am See Genezareth» entzieht sich jedem nur diesseitigen Zugriff.

Da der Inhalt des Kapitels nicht als bekannt vorausgesetzt werden kann, sei er zunächst wiedergegeben: Sieben Jünger waren beieinander. Fünf werden namentlich genannt: Simon Petrus, Thomas, genannt der Zwilling (Didymos), Nathanael aus Kana in Galiläa, die beiden Zebedäus-Söhne. Zwei *andere Jünger* bleiben unbenannt, doch erfahren wir im siebten Vers, daß der eine von beiden *der Jünger* ist, *den der Herr lieb hatte* – also der Verfasser selbst. Petrus spricht zu den anderen sechs: *Ich will zum Fischen gehen. Sie entgegnen: Dann werden wir mit dir gehen. Sie gingen hinaus und stiegen in das Boot. In jener Nacht fingen sie nichts. Als es aber Morgen wurde, stand Jesus am Ufer. Aber die Jünger erkannten nicht, daß es Jesus war. Da spricht Jesus zu ihnen: Kinder, habt ihr keine Nahrung? Sie antworteten ihm: Nein. Er aber sprach zu ihnen: Werfet das Netz zur Rechten eures Schiffes, so werdet ihr finden. Da warfen sie aus und vermochten es kaum zu ziehen vor der Menge der Fische. Da spricht jener Jünger, den Jesus lieb hatte, zu Petrus: es ist der Herr. Als nun Simon Petrus hörte, daß es der Herr ist, gürtete er sich das Obergewand um – denn er war nackt – und warf sich in das Meer. Die anderen Jünger aber kamen mit dem Schiff, denn sie waren nicht weit vom Lande, sondern etwa nur zweihundert Ellen und schleppten das Netz mit den Fischen nach sich. Als sie nun ans Land gestiegen waren, sehen sie ein Kohlenfeuer gelegt und einen Fisch darauf und Brot. Spricht Jesus zu ihnen: bringt von den Fischen her, die ihr jetzt gefangen habt. Da stieg Simon Petrus herauf und zog das Netz an Land, voll mit 153 großen Fischen. Und trotzdem es so viele waren, zerriß das Netz dennoch nicht. Spricht Jesus zu ihnen: Kommt und haltet das Mahl. Keiner aber von den Jüngern wagte ihn zu fragen: wer bist du? Wußten sie doch, daß es der Herr ist. Da kommt Jesus, nimmt das Brot und gibt es ihnen – und so auch den Fisch.*

Das war nun das dritte Mal, daß Jesus nach der Auferstehung von den Toten sich den Jüngern offenbarte.[59]

Es ist deutlich: hier hilft kein physisches Vorstellen, kein Ernstnehmen im Sinne materieller Realität. Es grenzt an Blasphemie, wenn der Auferstandene im wörtlichen Sinne, am Ufer des Sees stehend und Fische auf einem Kohlenfeuer bratend, gedacht würde. Offenkundig handelt es sich hier um eine Vision des Verfassers, in der ihm Jesus Christus erscheint. Die Szenerie ist deutlich: Zwischen Nacht und Tag, am frühen Morgen am Uferrand, zwischen Wasser und Land. Sieben Jünger in einem Boot, unter ihnen Petrus und der Verfasser – der Lieblingsjünger. Zum ersten- und einzigenmal werden im Johannes-Evangelium hier auch «die Söhne des Zebedäus» genannt. Wie in den bereits geschilderten Episoden des Evangeliums ist Petrus der Handelnde, Johannes der wissend Führende. Petrus erkennt nicht die Gestalt des am Ufer Stehenden, er muß es sich von Johannes sagen lassen. Dann aber handelt er spontan, springt ins Wasser und ist als erster am Land. Dann wieder ist er es, der die reiche Beute an Fischen birgt. Bis zuletzt wird deutlich, daß der erkennende Anteil der übrigen Jünger an dem Geschehen sehr verschieden ist. Mühsam wird ihnen bewußt, daß es *der Herr ist*, der sie am Strande erwartet – und sie dort speisen wird. Deutlich liegt der ganze Vorgang weit entfernt von ihrem Tagesbewußtsein. Wie in einem Traumablauf verwandelt sich auch in der visionären Schau wie von selbst die Situation. Plötzlich wird ein Kohlenfeuer mit Brot und Fisch sichtbar. Es folgt ein Mahl – eine Speisung mit dem Brote und – an Stelle des Weines – mit dem Fische, dem Urzeichen der Christen.

Hermann Beckh[60] war der erste christliche Theologe, der das Johannes-Evangelium als Ganzes auf seinen «kosmischen Rhythmus», auf «das Sternengeheimnis und Erdengeheimnis» gründlich untersuchte. Er hat einleuchtend dargestellt, daß die Speisungen im 6. und 21. Kapitel mit Brot und Fischen nur im Sinne der urchristlichen Symbolik verständlich sind. Christus, die Geistessonne des Kosmos, bringt auf die Erde die Kraft der «Abendmahls-Konstellation» der Sternenzeichen Jungfrau und Fische. Jungfrau (♍) bedeutet hier die innere Ernährung, die geistige Speisung des nach innen gewandten Seelenwesens, und Fische (♓) die Erkraftung und Impulsivierung des selbstlosen Willens. Dazu Beckh: «Waren bei der ‹großen Speisung› im 6. Johannes-Kapitel noch die ‹Brote› als das Ätherische primär betont, so

Der wunderbare Fischzug. Gemälde von Duccio di Buoninsegna. Siena, Museo del Opera

finden wir bei dieser, wie fernste Zukunftschau sich ausnehmenden Auferstehungs-Begegnung im letzten Johannes-Kapitel die Fische als das Symbol der werdenden Ich-Kraft, des zukünftigen ‹Wesensgliedes› der Menschheit, im Vordergrund.»[61]

Erinnernd sei darauf aufmerksam gemacht, daß der leuchtendste Stern der Jungfrau die Spica (= Kornähre) ist und daß noch heute der Papst als Nachfolger des Petrus den «Fischer-Ring» trägt. Dies nur als Erinnerungszeichen an den Fischer-Beruf des Petrus zu nehmen, dürfte doch wohl die Dinge zu sehr vereinfachen.

Nun folgt das entscheidende Berufungsgespräch mit Petrus und der Blick auf ein zukünftiges Christentum im Zeichen des Johannes. Die anderen Jünger verschwinden aus dem Blickfeld. Petrus tritt in die Mitte, Johannes bleibt wachend im Hintergrund. Der Text lautet:

Als sie nun das Mahl gehalten hatten, spricht Jesus zu Simon Petrus: Simon, Sohn des Johannes, liebst du mich mehr als diese? Spricht er zu ihm: Ja Herr, du weißt, daß ich dich liebe. Er spricht zu ihm: weide meine Lämmer. Wiederum zum zweiten Male fragt er ihn: Simon, Sohn des Johannes, liebst du mich? Er antwortet: Ja Herr, du weißt, daß ich dich liebe. Spricht Jesus zu ihm: Hüte meine Schafe. Spricht er zum dritten Male zu ihm: Simon, Sohn des Johannes, hast du mich lieb? Da wurde der Petrus traurig, daß er zum dritten Male sagte: liebst du mich und sprach zu ihm: Herr, alles weißt du, du erkennst auch, daß ich dich liebe. Spricht Jesus zu ihm: Sei der Hirte meiner Schafe. Wahrlich, wahrlich ich sage dir, solange du jünger warest, gürtetest du dich selbst und bestimmtest den Weg, den du gehen wolltest; wenn du aber alt geworden bist, wirst du deine Hände ausstrecken und ein anderer wird dich gürten und dich führen, wohin du nicht willst. Das sagte er aber, um anzudeuten, durch welches Todeszeichen er Gott offenbaren würde. Und nachdem er dies gesagt hatte, spricht er zu ihm: Folge du mir nach. Da wendet sich Petrus um und sieht den Jünger, den der Herr lieb hatte, der folgte Jesus nach. Es war der, der beim Mahl an seiner Brust gelegen und gesagt hatte: Herr, wer ist es, der dich verrät? Diesen sieht nun Petrus und spricht zu Jesus: Herr, jener aber, was soll er? Spricht Jesus zu ihm: Wenn ich will, daß er bleibe, bis ich komme, was berührt dich das? Du folge mir nach. Da verbreitete sich das Wort unter den Brüdern: jener Jünger stirbt nicht. Doch hatte Jesus zu ihm nicht gesagt, daß er nicht sterbe, sondern: wenn ich will, daß er bleibe, bis ich komme, was berührt dich das?[62]

Kaum eine Stelle im gesamten Evangelium ist so umstritten wie diese. Gibt sie doch auch Rätsel über Rätsel auf und ist in eine Sprache und Bildfolge gekleidet, die der Gegenwart, auch der theologischen, fern ist.

Wenn wir die sogenannte «Echtheit», das heißt die Verfasserfrage, hier offenlassen, weil sie von dem Evangelisten erst in den noch folgenden Abschlußsätzen berührt wird, so bleiben vor allem drei Motive zu verstehen:

die dreifache Prüfungsfrage an Petrus,
die Deutung des Lebensendes Petri,
die Zukunftsaufgabe des Johannes.

Dreimal prüft der Auferstandene die Wahrhaftigkeit der Liebe des Petrus zu sich, seinem Herrn und Meister. Wie von selbst stellt sich die Erinnerung an die Verleugnung im 18. Kapitel ein, als schon einmal Petrus dreimal über seine Beziehung zu Jesus Christus gefragt wurde. Und zweimal war dort die Antwort des Petrus: Nein, und beim drittenmal hieß es: er leugnete.

Jetzt gibt Petrus zweimal ein klares Ja, und beim drittenmal überläßt er die Bejahung Jesu: *Du weißt es.* Wir verstehen, wenn Walter Bauer[63] schreibt: «Der durch sein Verhalten nach der Verhaftung schwer kompromittierte Petrus wird rehabilitiert. Deutlich entspricht die dreimalige Frage Jesu und die ebensooft erfolgende Übertragung des Hirtenamtes der dreimaligen Verleugnung.» Nur dürften die Begriffe Kompromittierung und Rehabilitierung nicht an das wirkliche Geschehen heranreichen. Was sich beide Male zugetragen hat, reicht weit über das

Schicksal eines einzelnen hinaus. Petri Verleugnung wie seine Beauftragung mit dem Hirtenamt sind von einer gültigen Symbolik für die ganze Menschheit. Zugleich wird auch das Pfingstgeheimnis damit berührt. Derselbe Kreis, der in Golgatha so völlig versagt und durch Schlaf, Verleugnung und Flucht seinen Meister im Stich gelassen hatte, erhielt trotzdem nach der Apostelgeschichte zu Pfingsten den Gründungsauftrag für die Ekklesia Christi. Und der Wortführer des Jünger-Kreises, der so oft aus gutem Willen irrtümlich handelte und dreimal seinen Herrn verleugnete, wird zum befugten Sprecher der urchristlichen Gemeinschaft. Niemand wird die Tatsache leugnen, daß Jesus Christus dem Simon den Beinamen Petros = Felsen gegeben und daß er hinzugefügt hat: «... auf diesen Felsen will ich meine Ekklesia bauen.» Dies geschah zu Pfingsten. Später ging Petrus nach Rom und besiegelte dort durch seinen Märtyrertod seine Treue zu seinem Auftrag.

Der Schluß des Johannes-Evangeliums geht aber darüber hinaus. Noch bevor der Jünger, den der Herr lieb hatte, in das Gespräch einbezogen wird, ist die Rede von Petri weiterer Zukunft. Da wird unterschieden zwischen dem Jungsein und dem Altsein des Petrus. In der

Fisch und Brote. Lucina-Gruft. Kallistus-Katakombe, Rom

Jugend wird er selbst seine Ziele bestimmen, im Alter ein anderer, gegen seinen Willen. Der Hinweis, der unter Umständen sogar ein späterer Zusatz von fremder Hand sein kann: *Das sagte er aber, um anzudeuten, durch welche Todesart er Gott offenbaren würde*[64], ist von den Exegeten fast stets nur als Prophezeiung auf den individuellen Tod Petri in Rom genommen worden. Versteht man aber diesen Satz im Zusammenhang des Ganzen, so bildet er eine Überleitung. Denn dann ist er nicht nur für den individuellen Werdegang des Petrus gültig, sondern auch für das Schicksal seines Auftrags: für das römisch-petrinische Christentum. Für Unbefangene handelt es sich um etwas Einleuchtendes. Zunächst wird sich die urchristliche Gemeinde unter der Führung Petri und dann unter seinen Nachfolgern mit jugendlichem Elan, wenn auch auf Märtyrerwegen entwickeln. Das Hirtenamt entfaltet seine Kraft nach selbstgewählten Zielen. Dann aber kommt die Zeit des Alterns. Von innen und außen treten Hemmungen auf. Ein anderer muß die Führung übernehmen. Und damit sind wir bei dem eigentlichen Thema: der Sendung des Johannes.

Petrus wurde in seinem Hirtenamt bestätigt, trotz seiner offenbaren Schwächen. Es ist, als ob er es immer noch nicht fassen kann, daß ihm sein Versagen nicht angerechnet, daß Jesus ihm völlig verziehen hat. Darum fällt jetzt der Blick des Petrus auf den Jünger, *den der Herr lieb hatte.* Er sieht, wie auch dieser auf dem Wege der Nachfolge ist. Es spricht für seine Selbsterkenntnis, daß er nun die Frage nach dem Auftrag des Johannes stellt: *Herr, was soll dieser?* In diesem Zusammenhang kann es nur bedeuten: Wenn ich dein unmittelbarer Nachfolger, «Stellvertreter auf Erden», sein soll, was ist dann der Auftrag des Johannes? Diese Frage steht aus der ganzen Konstellation des Geschehens um Golgatha im geistigen Raum. Und die Antwort ist: *Wenn ich will, daß er bleiben soll, bis daß ich komme, was berührt dich das?* Man hat auch übersetzt: *Was bekümmert das dich?* (Kathol. Meßbuch) oder sinngemäß übertragen: *So stört das deinen Auftrag nicht* (Bock) – *Folge du mir nach!*

Das Wort «bleiben» (menein) gehört zu den zentralen Begriffen des Johannes-Evangeliums. *So ihr bleiben werdet in mir* oder *Bleibet in meiner Liebe* oder *Und ich will den Vater bitten, auf daß er euch einen anderen Tröster [Paraklet] geben wird, der bleibet bei euch in die Ewigkeit.* In diesem Sinne soll der Geist des Johannes bleiben, bis daß *er kommt* – bis zu dem Ereignis der Wiederkunft Christi. Denn diese gehört unabdingbar zur christlichen Grundanschauung nicht nur nach Johannes, sondern sie ist zugleich ein wesentlicher Bestandteil der Eschatologie[65] der urchristlichen Gemeinden. Sie erwarteten «den Kommenden». Denn für sie war Christus der Gottmensch – der da war, präexistent bei Gott – der da ist, allgegenwärtig alle Tage – und der da kommt. Mit dieser Erwartung lebten die Urchristen, und auf eine solche Zukunft deutet das Christuswort: *Wenn ich will, daß er bleibe, bis ich komme.*

Damit ist der Zusammenhang mit der Grundthese hergestellt, von der wir ausgingen. Mit dem Johannes-Evangelium hat es die Bewandtnis, daß es seinem Geiste nach zukünftiger gerichtet ist als die Evangelien der Synoptiker. Nicht als ob diese je überholt und zum alten Eisen geworfen würden. Wohl aber wendet sich das Johannes-Evangelium mehr als die anderen an Menschen, die aus einer zukünftigen «Ich-Kraft» zu leben gewillt sind. Lukas wurde stets als der Evangelist der Seele empfunden. Man denke nur an die Verkündigungsszenen, an Jesu Geburt im Stall zu Bethlehem und vieles andere. Johannes wendet sich vor allem an den erkennenwollenden Geist. In diesem Sinne lautet seine Sendung: Er soll wartend bleiben, bis sich die Zeit des Seelen-Christentums, des petrinischen Zeitalters erfüllt hat. Dann bricht seine Stunde an, die Stunde des johanneischen Geist-Christentums.[66]

Wer richtig hört, wird vor dem Mißverständnis geschützt sein, daß das johanneische Christentum dann das allein herrschende sein soll. Es wird nicht – wie es die Gefahr des petrinischen war – herrschen, sondern im Sinne der Liebe «bilden, und das ist mehr» (Goethe im Märchen in den «Unterhaltungen deutscher Ausgewanderter»). Aber es wird das zu erfüllen trachten, was in der Vergangenheit angestrebt und nicht erreicht werden konnte. In diesem Sinne gelten die letzten Worte des Auferstandenen im Johannes-Evangelium als eine Prophetie, welche die Menschen der Gegenwart angeht.

Ausdrücklich wird noch auf eine Mißdeutung im Urkreis der Brüder – an dieser Stelle braucht Johannes das Wort *Brüder* statt Jünger – hingewiesen. Man hat schon damals die spirituellen Aussendungsworte auf das Leben des Johannes einengen wollen: *Dieser Jünger stirbt nicht.* Aber Jesus hatte so nicht gesprochen, sondern: *So ich will, daß er bleibe, bis ich komme, was berührt dich das?*

Nun bleiben nur noch die kurzen Sätze, die den endgültigen Abschluß des ganzen Evangeliums bilden:

Dies ist der Jünger, der von diesen Dingen zeugt und es niedergeschrieben hat. Wir wissen, daß sein Zeugnis der Wahrheit entstammt. Vieles andere aber gibt es noch, was Jesus getan hat. Sollte das eines nach dem anderen niedergeschrieben werden, so meine ich, würde die Welt die Bücher nicht fassen, die geschrieben werden müßten.[67]

Hier gibt nun Johannes sein Verfassergeheimnis preis, obwohl er auch jetzt nicht seinen Namen nennt. Aber er spricht es unverhohlen aus: Der Verfasser ist identisch mit *dem Jünger, den der Herr lieb hat* – und dieser trug gleich dem Zebedäus-Sohn den Namen Johannes. Das führte in der Geschichte des Christentums zu den zahllosen Irrtümern und Mißverständnissen. Wir meinen, in der Identität dieses Johannes mit dem auferweckten Lazarus, der seinerseits der «reiche Jüngling» der Synoptiker war, sei die Lösung der «Johannes-Frage» gegeben.

Wann auch immer das Johannes-Evangelium niedergeschrieben wurde: mit unseren Betrachtungen der Johannes-Biographie befinden wir uns bislang noch in der Frühlingszeit des Jahres, in dem Golgatha sich ereignete. Nun gilt es, den Spuren des Johannes bis zu seinem Tode zu folgen.

Wir wissen nicht, wann Johannes zum erstenmal den Boden von Ephesus betrat. Doch wurde von der Theologie kaum bezweifelt, daß der Autor des Johannes-Evangeliums in Ephesus gelebt hat. Oben auf dem Berge Ala Dagh – 443 Meter über dem Meere – wird heute das Haus gezeigt, in dem Johannes mit der Mutter Jesu in stiller Zurückgezogenheit gelebt haben soll. Man hat die alten Fundamente, die sich unter den jetzigen Überbauten fanden, mit den modernsten Zeitmessungsmethoden geprüft und datierte sie auf das erste nachchristliche Jahrhundert.

Haus und Umgebung haben eine besondere Atmosphäre. Eine Quelle, heute neu gefaßt, sprudelt unablässig und bewässert in der sonst baumlosen Höhe eine schattige Oase, die Menschen, welche sich dem Getriebe einer großen Stadt – und Ephesus war einst eine «Weltstadt» – entziehen wollen, einen idealen Lebensraum bietet. Unschwer läßt sich vorstellen, wie an diesem stillen Ort Johannes und die alternde Mutter Jesu in meditativer Ruhe und Frieden ihre erschütternden Schicksale ausklingen ließen.

Vor Athen und Rom war einst Ephesus ein geistiger Mittelpunkt der Menschheit. Seine Tempel- und Mysterienstätte sowie Lehrschule diente als Brücke zwischen dem abklingenden Geist des Orients einschließlich Ägyptens und dem erwachenden Griechenland. Diese Mittlerstellung hat es in hervorragendem Maße erfüllt. Man braucht sich nur einen Augenblick auf die Geburt der vorsokratischen Philosophie aus dem Geiste des Mythos zu besinnen, um die unermeßliche Bedeutung der ephesinischen Schule zu ahnen. Pherekydes stammte von Syros, Thales und Anaximenes stammten aus Milet, Pythagoras und Melissos von Samos, Xenophanes war aus Kolophon. Sie alle lebten und lehrten im Umkreis von Ephesus an der Westküste Kleinasiens oder auf den vorgelagerten Inseln. Aber der Größten einer, der einsam stolze Wahrheitssucher Heraklit (ca. 540–480 v. Chr.), war in Ephesus selbst zu Hause. Seine Logoslehre hat in der Folgezeit unzähligen Denkern entscheidende Impulse vermittelt. Obwohl sein Werk nur in geringen Bruchstücken erhalten blieb und er selbst «der Dunkle» genannt wurde, ist seine ausstrahlende Wirkung bis auf den heutigen Tag erhalten geblieben. Seine Feuerseele hat suchende Denker mit geistiger Glut erfüllt und vor der Verstandeskälte bewahrt: «Gehe hin: der Seele Grenzen findest du nicht, auch wenn du alle Straßen erwanderst» und «Alles wird das Feuer, wenn es hereinbricht, richten und ergreifen». So lauten Sätze des Heraklit. Wie kein anderer hat er die geistige Atmosphäre von Ephesus geprägt. Aber auch er wird nur verständlich, wenn man seinen geistigen Hintergrund mit einbezieht: die

Haus des Johannes und der Maria auf der Höhe vor Ephesus
(Fot. Bockemühl)

Die Reste des Artemisions von Ephesus (Fot. Gsänger)

ephesinischen Mysterien. Ohne sie wäre auch der berühmte Artemis-Tempel, eines der sieben antiken Weltwunder, undenkbar und inhaltslos.

Das Artemision, das Paulus bei seinem Besuch in Ephesus vorfand, war ja nicht mehr das ursprüngliche, dessen Ruf und Ruhm weit über die Grenzen des kleinasiatischen Ioniens hinausdrang. Dieser Tempel war der Brandfackel des krankhaft geltungssüchtigen Herostrat in der Nacht, als Alexander der Große geboren wurde (6. Februar 356 v. Chr.), zum Opfer gefallen. Dennoch riefen Jahrhunderte später die Gegner des Paulus ihm entgegen: «Groß ist die Diana der Epheser!»

Samothrake, Delos, Eleusis, Delphi und Ephesus bildeten durch die griechische Hoch-Zeit das Quintett heiliger Stätten der esoterischen Lehre, des antiken Kultus und der Orakel. Von ihnen ging der Geist aus, der dem Abendland denkerische Kraft und Tiefe verlieh. Auch Sokrates, Platon und Aristoteles sind auf diesem Boden erwachsen und nur auf dem Mysterienhintergrund in ihrer Bedeutung für ganz Europa begreiflich.

Suchen wir dem Wege des Lazarus-Johannes von Jerusalem nach Ephesus zu folgen, so sind wir ausschließlich auf die sogenannten Johannes-Akten[68] angewiesen. Das Evangelium, die Briefe und die Apokalypse geben nicht den geringsten Hinweis, wann und in welcher Weise Johannes – wahrscheinlich zusammen mit der Mutter Jesu – seinen Wohnort nach Kleinasien verlagerte. Hier springt das apokryphe

Schrifttum ein und ermöglicht – ohne wirklich historische Sicherheit –, den weiteren Schicksalsweg des Johannes einigermaßen zu erahnen.

Leider sind die Handschriften nur fragmentarisch erhalten. Im wesentlichen handelt es sich um sechs Bruchstücke eines größeren Werkes. So ist der Anfang der Johannes-Akten – siebzehn Kapitel – verloren. Man darf annehmen, daß dieser fehlende Teil den Bericht über den Aufbruch des Johannes aus Jerusalem und seine Reise nach Milet enthielt. Der vorhandene Text beginnt in Milet: «Johannes aber eilte nach Ephesus, getrieben von einem Gesicht.» Mit Mühe hielten ihn Freunde noch einen Tag in Milet zurück, damit er für den weiteren Weg Kraft sammle. Doch als am nächsten Tag eine Stimme vernommen wurde: «Johannes, du sollst in Ephesus deinem Herrn Ruhm verschaffen ...», hielt ihn niemand mehr zurück. In freudiger Erwartung machte er sich auf den Weg: *Herr, siehe, nach deinem Willen gehe ich. Es geschehe, was du willst.*

Schon vor der Stadt kam ihm und seinen Begleitern ein reicher und angesehener Epheser mit Namen Lykomedes entgegen, fiel Johannes zu Füßen und fragte: «Ist Johannes dein Name? Der Gott, den du verkündigst, hat dich gesandt zur Hilfe für meine Frau, die bereits sieben Tage gelähmt ist und unheilbar darniederliegt.» Unverzüglich suchte Johannes diese Frau – mit Namen Kleopatra – auf und fand sie im Todeskampf. Der Anblick der Sterbenden griff ihrem Mann derart ans Herz, daß auch er wie entseelt zu Boden fiel. In einem geistigen Ringen sondergleichen erweckte Johannes zunächst die Kleopatra und dann mit ihrer Hilfe auch Lykomedes zu neuem Leben. Unverkennbar ist in der Schilderung beider Erweckungen die Nähe zu der Auferweckung des Lazarus: *Stehe auf im Namen Jesu Christi*, ruft Johannes der Kleopatra zu, indem er ihr Gesicht berührt, und sie antwortet mit lauter Stimme: «Ich stehe auf, o Gebieter, errette deine Magd.» Der Text fügt hinzu: «Als sie aber aufgestanden war nach sieben Tagen unheilbaren Darniederliegens, geriet die Stadt der Epheser in Erregung über den unbegreiflichen Anblick.»

Mag dieser Bericht in den Johannes-Akten, wie auch so manches andere in diesem Schrifttum, frommer Dichtung entstammen und der «Entmythologisierung» für ein historisches Verständnis bedürfen – der Kern der Erzählung wird auf Wahrheit beruhen: Johannes kam nach Ephesus als Sendbote des Jesus Christus und heilte und lehrte dort mit großem Erfolg in dessen Namen.

In den Akten wird unter anderem von einer Vision des Johannes erzählt, die er am Todestag Christi auf dem Ölberg gehabt habe. Da sah er ein Lichtkreuz und um das Kreuz herum eine große, ungeformte Volksmenge. Jesus Christus selbst sah er nicht, er hörte nur eine gütige

Stimme, die zu ihm sprach: «Johannes, einer muß von mir dieses hören; denn eines bedarf ich, der zu hören vermag. Dieses Lichtkreuz wird von mir um euretwillen bald Logos genannt, bald Vernunft, bald Jesus, bald Christus, bald Tür, bald Weg, bald Brot, bald Sonne, bald Auferstehung, bald Sohn, bald Vater, bald Geist, bald Leben, bald Wahrheit, bald Glaube, bald Gnade – und so genannt für die Menschen.» Es ist die Summe der christlichen Grundbegriffe, die hier ausgesprochen wird und die dem Johannes-Evangelium zugrunde liegt. Ein Hinweis ist damit gegeben, daß der Verfasser der Johannes-Akten das Johannes-Evangelium gekannt haben muß.

Im übrigen berichten die Johannes-Akten viele Wundergeschichten, die zu Ehren des Presbyters erdichtet wurden: Er läßt den Tempel der Artemis zusammenbrechen, er gebietet im Namen Christi souverän über Menschen und Tiere. Selbst Wanzen, die ihn und seine Schüler nachts plagen, gehorchen seinem Wort. Wichtig erscheint uns die Mitteilung, daß Johannes von Ephesus aus mehrere Reisen unternommen hat, so nach Smyrna und Laodicea. Es ist eine Bestätigung für die Annahme, daß der Seher von Patmos die Gemeinden, an die seine Sendschreiben gerichtet sind, aus eigenem Augenschein vorher kannte.

Seine Besuche der kleinasiatischen Gemeinden unternahm Johannes nie allein. Stets hatte er eine Begleitung von christlichen Brüdern und Schwestern, für die er der geistliche Vater war, und die ihn, wenn notwendig, schützten. Genannt werden unter anderen Andronikus, Verus, Kleobius, Lykomedes und Frauen wie Drusiana und Aristobula.

Auch von einer Liebestragödie berichten die Johannes-Akten. Drusiana, die Ehefrau des Andronikus, hat sich um des asketischen Lebens willen, das beide als Jünger des Johannes zu führen gewillt waren, von ihrem Mann mit seinem Einverständnis getrennt. Da ersteht ihr in einem vornehmen Jüngling mit Namen Kallimachus ein glühender Liebhaber. Um jeden Preis will dieser sie in seine Gewalt bekommen. Sie aber empfand sich durch die Leidenschaft des Kallimachus – obwohl unschuldig – doch als schuldig und starb vor Kummer und Verzweiflung. In einer Felsenkammer wurde ihr Leichnam beigesetzt. Auch jetzt gab Kallimachus keine Ruhe. Er beschloß, was ihm nicht zu ihren Lebzeiten gelungen war, dem Tode abzuzwingen: die Vergewaltigung des Leibes, der nun zum Leichnam geworden war. Nach Bestechung des Gartenverwalters Fortunatus drang er mit diesem bei Nacht in die Leichenhöhle ein. Eine Schlange tötete auf der Stelle den ungetreuen Verwalter, warf den Kallimachus zu Boden und legte sich auf seine Brust. Am nächsten Morgen in aller Frühe kamen Johannes und Andronikus mit anderen Brüdern an das Grab. Es war der dritte Tag seit dem Tode der Drusiana. Sie erblickten vor dem offenen Sarg einen strahlenden Jüngling, der zu ihnen von dem fast gelungenen Verbrechen sprach und dann ihren Blicken entgleitet. Johannes befreit zunächst den Kallimachus von der Schlange. Dann erweckt er die Drusiana zu neuem Leben: «Drusiana, steh auf! . . . Sie aber stand auf und ging aus dem Grabe hervor.» Und selbst der von der Schlange getötete Fortunatus kommt wieder zu sich. Doch da er – im Gegensatz zu Kallimachus – auch durch das Todeserlebnis sich nicht zum ewigen Geist bekennt und seine Seele unverwandelt blieb, sinkt er nach kurzer Zeit wieder in den Tod zurück. Mit Andronikus, Drusiana, Kallimachus und den Brüdern feiert schließlich in der Grabkammer Johannes die Eucharistie, das Heilige Mahl.

Unverkennbar ist in dieser legendären Erzählung der Anklang zum Ostergeschehen. Unschwer spürt man auch die Nähe zur Lazarus-Erweckung und damit zum Einweihungsschlaf in den alten Mysterien. Die Handlung ist hier in die Bildwelt einer menschlichen Liebesaffäre eingekleidet. Wieder geht es um das Lebens-Todes-Geheimnis als Zentralgeschehen des Christentums. *Der Jünger, den der Herr lieb hatte* ist in Ephesus selbst zum Träger und Vermittler dieses Mysteriums geworden. Das will der Schreiber der Johannes-Akten dem Leser mitteilen und führt so, trotz aller Unglaubwürdigkeiten im Sinne realistischer Betrachtung, dennoch in die unmittelbare Nähe des Geistes, dem die Apokalypse und das Johannes-Evangelium zu verdanken ist.

Bei dem Bemühen, den weiteren Lebenswegen des Johannes zu folgen, sind wir zunächst auf Legenden angewiesen. Fast alle historischen Daten sind ungewiß. Gilt dies schon für die urchristliche Gemeinde als ganze – so noch viel mehr für den Evangelisten Johannes selbst. Auch aus der Apostelgeschichte des Lukas erhalten wir nur geringe Hilfe. Sie handelt in ihrem ersten Teil im wesentlichen von Petrus, der zusammen mit einem Johannes auftritt. Es ist kaum wahrscheinlich, daß es sich hier um Lazarus-Johannes handelt. Alles spricht dafür, daß nun Johannes, der Sohn des Zebedäus, wieder seine Stelle im Zwölfer-Kreis innehat. Nur dieser kann gemeint sein, wenn im 1. Kapitel der Apostelgeschichte an dritter Stelle nach Petrus und Jakobus und vor Andreas, Philippus und Thomas ein Johannes erscheint. Im 3. und 4. Kapitel wird er als der Begleiter des Petrus genannt. Das Urteil des Hohen Rates, vor dem sich Petrus und Johannes zu verantworten haben, spricht dafür, daß es sich hier um den Sohn des Zebedäus handelt. «Sie sahen aber den Enthusiasmus des Petrus und Johannes und wunderten sich. Denn sie waren sich sicher, daß es ungebildete Menschen und Laien waren, und wußten von ihnen, daß sie zu Jesus gehört hatten.»

In ihrem zweiten Teil wendet sich die Apostelgeschichte dem Schicksal des Paulus zu. Seine Bekehrung vom aggressiven Gegner zum wirksamsten Bekenner und Verkünder der christlichen Urzeit wird nicht weniger als dreimal zum Teil mit gleichlautenden Sätzen erzählt.

Es läßt sich nicht mit Sicherheit sagen, in welcher zeitlichen Reihenfolge die urchristlichen Ereignisse in den ersten Jahrzehnten nach Christi Tod geschehen sind. Bleiben wir bei dem Jahre 33 als dem Jahr von Golgatha, so kann vermutet werden, daß schon 35 die erste Christenverfolgung – Tod des Stephanus – einsetzte. Bald darauf ist die Bekehrung des Saul aus Tarsus zum Heidenapostel erfolgt. Als erster Märtyrer aus dem Jünger-Kreise wurde um 44 Jakobus, der Sohn des Zebedäus und Bruder des Johannes, enthauptet. Um 48/49 mag der Apostelkonvent zu Jerusalem stattgefunden haben. Die Kreuzigung des Petrus in Rom wird etwa 64, die Enthauptung des Paulus am gleichen Ort etwa 67 geschehen sein.

Als wirklich gesichert dürfen wir für die Zerstörung der Stadt Jerusalem das Jahr 70 ansehen. Die urchristliche Gemeinde muß rechtzeitig gewarnt worden sein, so daß fast alle Glieder derselben schon um das Jahr 67, nach der Hinrichtung ihres Gemeindeleiters Jakobus, des leiblichen Bruders Jesu, des «Herrenbruders», die Stadt verlassen haben.

Von den anderen Aposteln erfahren wir wenig oder nichts. Wahrscheinlich trennten sie sich bald nach Pfingsten und zerstreuten sich über die Erde – gemäß dem Auftrag: «Gehet hinaus in alle Welt und verkündigt die neue Botschaft aller Kreatur.»

Von Johannes, dem Sohn des Zebedäus, wird berichtet, daß er von feindlichen Juden getötet wurde. Andreas ging zu den Griechen. Sein Grabmal wird dem traditionellen Glauben entsprechend am Rand der Stadt Patras auf dem Peloponnes noch heute gepflegt. Philippus blieb in Kleinasien mit zwei Töchtern. Hieropolis gilt als die Stätte seines Todes. Von Thomas berichtet die Sage, daß er bis an die Grenzen Indiens vordrang.

Wohin aber wandten sich die getreuen Frauen, die Golgatha aus unmittelbarer Nähe miterlebt hatten? Wo blieben Nikodemus und Joseph von Arimathia?

Von Joseph von Arimathia heißt es, daß er nicht nur Ratsherr seiner Stadt war, sondern ein angesehener Kaufherr mit weitreichenden Beziehungen. Er kannte aus eigener Erfahrung die alte «Zinnstraße», auf der das so hochgeschätzte Metall von den Bergwerken Englands quer durch Frankreich gebracht und in der Gegend der Rhône-Mündung in Marsilia (Marseille) auf Schiffe verladen wurde. Von dort wurde es in alle Länder, die um das Mittelmeer lagen, transportiert. Dieser Handelsweg war dem Joseph von Arimathia gut vertraut. Es ist zu vermuten, daß er selbst diese Route mehr als einmal befahren hat. Nicht zufällig gilt er in der mittelalterlichen Grals-Tradition als die Schlüsselgestalt, die das Grals-Geheimnis, gebunden an den «Kelch des Heiligen Blutes», von Ost nach West hinübertrug. In diesem Sinne blickte man in Kreisen des esoterischen Christentums stets auf Joseph von Arimathia als Sendboten des Geistes, der den geistigen Schicksalsweg der Menschheit vom Orient zum Okzident entscheidend mitbestimmt hat. Sein Grab wird heute in England gehütet.

Von ihm, dem Weltkundigen, heißt es nun, daß er den Frauen – vor allem werden die Schwestern Martha und Maria, aber auch Salome und die Maria des Klopas mit ihrer Dienerin Sara, einer Negerin, genannt – auf Grund seiner Völkerkenntnis den Rat gegeben hat, zu den Kelten auszuwandern. Diese bewohnten damals unter anderem das Gebiet des Rhône-Deltas. Sie nahmen diesen Vorschlag an. Der Legende nach wurden die Frauen von Lazarus und von Maximinus und Cedonius begleitet. Maximinus soll zu dem Kreis der siebzig gehört haben, der um die zwölf Jünger einen erweiterten Apostelring bildete. In Cedonius sah man den Mann, der durch Jesus von der angeborenen Blindheit geheilt wurde und trotz der Angriffe der Pharisäer sich zu ihm bekannte.

Ein erster Hinweis auf den Fluchtweg dieser geschlossenen urchristlichen Gruppe nennt die Insel Zypern. Dieser besagt, daß Lazarus als

Die Lazarus-Kirche in Larnaka, Zypern (Fot. Fiechter)

Verfolgter der Juden in dem antiken Kitium, in der Nähe des heutigen Larnaka, landete und dort eine christliche Gemeinde begründete. Leo VI., genannt Philosophus, erbaute im 9. Jahrhundert dort die Kirche des hl. Lazarus, die noch heute seiner Verehrung dient.

Über die weitere Fahrt der palästinensischen Auswanderer ins Keltenland erfahren wir aus der «Legenda aurea»[69] des Jacobus de Voragine: «Da nun die Jünger zerstreut wurden, geschah es, daß Sanct Maximinus, Maria Magdalena, Lazarus ihr Bruder, Martha ihre Schwester, samt ihrer treuen Dienerin Martilla, und der selige Cedonius, welcher blind geboren, aber vom Herrn war geheilt worden, mit vielen anderen Christen zusammen von den Ungläubigen auf ein Schiff gesetzt und ohne Steuer ins Meer wurden hinausgestoßen, auf daß sie allesamt untergingen. Aber durch Gottes Fügung geschah es, daß sie gen Massilien kamen.»

Heute gilt das Dorf Les Saintes-Maries-de-la-Mer, zwischen der kleinen und großen Rhône-Mündung in der Camargue gelegen, als der Ort der Landung (38 Kilometer südlich Arles, 26 Kilometer östlich von Aigues-Mortes). Es ist sehr unwahrscheinlich, daß das Schiff bei seiner Abfahrt steuerlos war, wohl aber mag es mit schwerer Havarie im heutigen Südfrankreich gelandet sein. Das gesetzte Ziel wurde erreicht.

Es besteht kein Grund, die reiche Tradition in Bausch und Bogen als nur legendär zu verwerfen. Die provenzalische Überlieferung ist alt, eine erst im Laufe des Mittelalters einsetzende Legendenbildung nicht nachweisbar. Wohl aber spricht die Tatsache, daß kein Land auch nur annähernd so stark die Tradition der Verehrung von Ste. Madeleine und St. Lazare gepflegt hat wie Frankreich und insbesondere die Provence, sehr zugunsten einer ursprünglichen, geschichtlichen Begebenheit.

St. Maximin gilt als der erste Bischof von Aix-en-Provence. Tarascon führt seinen Dom auf die urchristliche Wirksamkeit von Martha zurück. Nördlich von Marseille wird in Sainte-Baume die Stätte gepflegt, wo Maria Magdalena als Büßerin lebte. Der Dom zu Avallon ist St. Lazare geweiht, obwohl von dessen späterer Tätigkeit in der Provence nicht mehr die Rede ist – wie wir meinen aus guten Gründen.

Doch wenden wir uns zunächst wieder der überlieferten Legende zu. Als das Schiff mit den Flüchtlingen aus Palästina an der Küste der heutigen Provence landete, fanden die Heimatlosen «niemand, der sie beherbergen wollte, und blieben unter der Vorhalle eines Heidentempels. Da nun Maria Magdalena sah, wie das Volk sich zu dem Tempel sammelte, den Abgöttern zu opfern, stand sie auf mit heiterem Angesicht und riet ihnen mit weisen Worten ab von dem Dienst der Abgötter und predigte ihnen Christum mit großer Zuversicht.»

Die Legende erzählt weiter, daß die Flüchtlinge zunächst kein Obdach fanden, zumal der Fürst des Landes nicht bereit war, der neuen Lehre sich anzuschließen. Darauf erschien Maria Magdalena in zwei Nächten der Fürstin in einem Traumgesicht und sprach: «Warum lasset ihr die Heiligen Gottes Hunger und Kälte leiden, so ihr selbst in großem Reichtum sitzet? Und bedrohte sie, so sie ihrem Manne nicht riete, den Heiligen zu helfen.» Die Fürstin aber fürchtete sich vor ihrem Mann und verschwieg ihm ihre Träume. Darauf erschien Maria Magdalena in der dritten Nacht beiden, dem Fürst und der Fürstin zugleich, und bedrohte sie äußerst energisch, sich der Flüchtlinge anzunehmen. Das führte zum Erfolg: «Also nahmen sie die Heiligen zur Herberge auf und versahen sie mit aller Notdurft.»

In dem deutschen Dorf Tiefenbronn, unweit von Pforzheim, hat der Maler Lukas Moser[70] einen Magdalenen-Altar geschaffen, auf dessen dreiteiliger Bildwand die Motive dieser Legende dargestellt sind.

Die Meerfahrt der Heiligen. Vom Magdalenen-Altar des Lukas Moser, 1431. Tiefenbronn, Pfarrkirche

Das Innere der Kirche Les Saintes-Maries-de-la-Mer, La Camargue

Die Rhône-Mündung

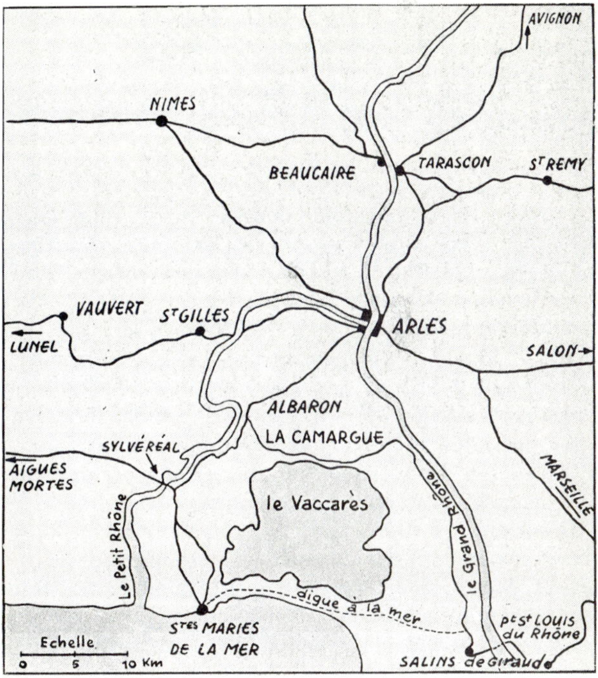

Martha und Maria in der Barke. Saintes-Maries-de-la-Mer, La Camargue

Das Lünettenbild oberhalb der Altartüren bringt das Gastmahl zu Bethanien. Jesus und Petrus sind die Gäste, denen Martha (nach Lukas 10,38–42) zu Tische dient. Gleichzeitig wäscht ihre Schwester Maria Magdalena dem Herrn die Füße (nach Lukas 7,36–50) und trocknet sie mit ihren aufgelösten Haaren. Neben Jesus sitzt der Gastgeber, der Pharisäer Simon, und neben Petrus – Lazarus! (Siehe Abb. S. 92.)

Unterhalb des Altars ist die sogenannte Predella mit einer Darstellung des Evangelien-Motivs von den klugen und törichten Jungfrauen geschmückt. Jesus Christus bildet die trennende Mitte, durch eine dunkle Wolke von den törichten Jungfrauen abgegrenzt. Blick und Geste sind den klugen Jungfrauen ermutigend zugewandt.

Die eigentliche Altarwand ist geschlossen dreigeteilt. Das Mittelbild bringt das Erlebnis der gelandeten Flüchtlinge, so wie es die Legende erzählt: Martha und die drei Männer Maximinus, Cedonius und Lazarus schlafen in der Vorhalle unter offenem Dach. Darüber erscheint Maria Magdalena dem gleichfalls schlafenden Fürstenpaar im Traum.

Zur Linken ist das Schiff sichtbar, das ohne Steuer und Segel die Heiligen von Palästina bis an die Küste Frankreichs gebracht haben soll.

Die Frage ist berechtigt, ob solchen künstlerischen Darstellungen alter Legenden irgendein realistischer Aussagewert innewohnt. Wir wenden uns, um eine Antwort darauf zu finden, wieder der Legende zu. Sie besagt, daß die Flüchtlinge im Land der Kelten nicht nur Fuß faßten, sondern tatsächlich die Keime zu den späteren christlichen Gemeinden bilden konnten. Das scheint uns der glaubhafte, geschichtliche Kern der märchenhaft anmutenden Erzählungen der «Legenda aurea» zu sein.

Es ist auch einleuchtend, warum gerade diese Gruppe auf Rat des Joseph von Arimathia zu den Kelten ging, um unter diesen zu missionieren – verkörperten doch vor allem die Frauen die seelisch-empfindende Substanz des Urkreises der Jünger. Wer als Missionar zu den Griechen gehen wollte, gar nach Athen, dem damaligen Mittelpunkt der Philosophenschulen, tat gut, sich zuvor gedanklich zu schulen. Die Rede, die Paulus auf dem Areopag hielt, ist ein klassisches Beispiel für die Art, wie Griechen für die neue Lehre zu gewinnen waren. Dort war kein Feld, wo die weibliche Mentalität der Marien, der Martha, der Salome sich hätte entfalten können. Noch weniger hätte die Weltstadt Rom mit ihrem Cäsarenkult und der Legionärsatmosphäre dem entsprochen, was gerade die Frauen zu vermitteln hatten. In Südfrankreich antwortete ihnen in der Volkssubstanz der Kelten eine verwandte Gemütsinnigkeit, durch die sie fern von Palästina eine neue Heimat finden konnten. Und nicht nur dies. Die keltische «Empfindungsseele» muß den christlichen Missionaren und Missionarinnen eine Stimmung entgegengebracht haben, die für die Gewinnung von Gläubigen fruchtbar war.

Jedenfalls besteht kein Grund, den Kern der Überlieferung in Zweifel zu ziehen, daß Maximinus und Martha im Bunde mit den anderen Frauen in der Provence das Christentum durch Bekehrung von Kelten ausgebreitet haben. Auch Cedonius wird für seinen Teil hier mitgeholfen haben. Nur zwei von den oben genannten Persönlichkeiten müssen wir ausnehmen und auf weiteren Wegen zu begleiten suchen: Maria Magdalena und ihren Bruder Lazarus.

Wir hörten schon, daß Martha bis heute als die Gründerin der Gemeinde von Tarascon verehrt wird. Maria Magdalena hingegen zog sich in eine Einöde nördlich von Marsilia, in das heutige Sainte-Baume zurück und blieb dort bis zu ihrem Tode: «Maria Magdalena aber begehrte nach himmlischer Beschauung und ging in die rauheste Wildnis. Da wohnte sie unerkannt dreißig Jahre an einer Statt, die ihr von Engelshänden war bereitet. An der Statt waren nicht Wasserbrunnen noch Freude an Bäumen und Gras; daraus sollte erkannt werden, daß unser Herr sie nicht mit irdischer Nahrung wollte sättigen, sondern allein mit himmlischer Speise. An jeglichem Tag ward sie zu den sieben Gebetsstunden von Engeln auf in die Lüfte geführt und hörte mit leiblichen Ohren den Gesang der himmlischen Heerscharen.»[71]

In unserer Sprache: Maria Magdalena führte in einsamer Gegend der Provence als «Büßerin» ein asketisches Leben, das im wesentlichen durch sieben dem Tageslauf rhythmisch eingegliederte Meditationsübungen ausgefüllt war. Darum gilt sie mit Recht als Urbild frühchristlicher Asketen und Einsiedler. Gerade weil sie nach den Evangelien als die «große Sünderin», die ein ausschweifendes Leben hinter sich hatte, zu Jesus Christus kam, erscheint es glaubwürdig, daß sie nach der Begegnung mit ihm und nach allem, was sie durch Passion und Ostern erfahren hatte, den Rest ihres Lebens in strengster Lebensführung und Weltabgewandtheit verbrachte.

Ausführlich berichtet die Legende über das Sterben der beiden Schwestern. Es geschah fast zur gleichen Zeit. Beide waren durch himmlische Eingebung auf den Tod vorbereitet. Maria Magdalena empfing von dem ihr befreundeten Maximinus, dem Bischof der unweit gelegenen Stadt Aix-en-Provence, als letzte Wegzehrung Brot und Wein: Leib und Blut Christi. Auf dem rechten Flügel des Tiefenbronner Altars bringt eine naive Darstellung diese letzte Kommunion gemäß dem Text der «Legenda aurea»: «Maximinus ging an dem Tag und um die Stunde, da ihm geboten war, allein in die Kirche. Da sah er Maria Magdalena im Chor der Engel stehen, denn sie hatten sie hergeführt. Sie war aber zwei Ellen hoch gehoben von der Erde und stund in der Mitte der Engel und betete mit ausgebreiteten Händen zum Herrn. Da Sanct Maximinus aber fürchtete, zu ihr heranzutreten, sprach sie zu ihm gewendet: ‹Tritt näher heran, Vater, und fliehe vor deiner Tochter nicht.› Als er aber näher trat, so liest man in Maximini eigenen Büchern, da strahlte ihr Antlitz also sehr von dem immerwährenden und täglichen Schauen der Engel, daß man eher in die Sonne hätte sehen mögen, denn in ihr Angesicht. Da rief er den ganzen Klerus, und also empfing Sanct Maria Magdalena aus des Bischofs Händen mit viel Tränen den Leib und das Blut des Herrn. Darnach streckte sie sich mit ganzem Leib für die Stufen des Altars, und also fuhr ihre heilige Seele gen Himmel.»[72]

Die «schwebende» Maria Magdalena ist nackt dargestellt, aber am ganzen Körper von einem Haarkleid umhüllt. Von Engeln getragen, empfängt sie betend die Hostie.

Linker Hand ist auf dem rahmenden Rundbogen eine allegorische Darstellung in plastischer Gestaltung angebracht. Sie erscheint wie eine Ausmalung des Lebens der «großen Sünderin».

Zuoberst sieht man die Jungfrau mit dem Kinde. Darunter der Kopf

Maximinus, Lazarus und Martha in Marseille. Vom Magdalenen-Altar des Lukas Moser. Tiefenbronn, Pfarrkirche

Gesamtansicht des Magdalenen-Altars von Lukas Moser. Tiefenbronn, Pfarrkirche

La Baume: Sainte Marie. Aix-en-Provence

eines «Heiden», der halb abgeschlagen ist. An einer Kette hält dieser Mann unter sich einen Affen, das heißt das Sinnbild des abgesunkenen, lasterhaften Menschen. Aber derselbe Mann trägt auf Schulter und Oberarm die Mutter Gottes – die Heiligkeit schlechthin.

Entsprechend dem Wesen und Leben von Martha vollzieht sich ihr Sterben: «Acht Tage vor ihrem Hingang hörte sie, wie die Engelchöre die Seele ihrer Schwester gen Himmel trugen. Da versammelte sie alsbald alle Brüder und Schwestern und sprach zu ihnen: ‹Ihr meine lieben Gefährten und Zöglinge, freut euch mit mir, denn ich sehe, wie Engelscharen die Seele meiner Schwester mit Frohlocken ins Land der Verheißung führen. O du meine schöne und geliebte Schwester, nun wirst du mit deinem Meister, meinem Gast, in der Wohnung der Seligen sein.› Alsbald fühlte Sanct Martha, daß ihr Ende nicht mehr ferne sei, und mahnte die Ihren, daß sie mit brennenden Lampen bis zu ihrem Tode sollten bei ihr wachen.»[73]

Dann erlebte sie noch, daß ein böser Geist die Lampen der vor Müdigkeit eingeschlafenen Wächter zum Erlöschen brachte. Doch es erschien ihr Maria Magdalena, die alle Lampen und Kerzen wieder anzündete. Christus selbst wurde ihr gegenwärtig. Ihm wandte sie sich sterbend im Gebete zu.

«Da nun die Stunde ihres Todes nahete, ließ sie sich hinaustragen vor die Tür, daß sie möchte den Himmel sehen; und gebot, daß man sie an die Erde lege auf Asche und das Kreuz nahe bei ihr halte.» Unter der von ihr verlangten Lesung der Lukas-Passion gab sie bei den Worten: «Vater, in deine Hände befehle ich meinen Geist» ihren eigenen Geist auf.

In der Kirche ihrer eigenen Gemeinde zu Tarascon wurde ihr Leib dem Grab übergeben.

So starben Martha und Maria Magdalena innerhalb von acht Tagen fern von Jerusalem, Bethanien und Magdala an ihren durch die Flucht über das Mittelmeer erlangten neuen Wirkensstätten.

Die Beisetzung der sterblichen Hülle der Maria Magdalena erfolgte zu Aix-en-Provence. Im Jahre 769 soll ein Burgunder Herzog mit Namen Gerhardus einen Mönch mit Geleit nach Aix geschickt haben, um die Gebeine Maria Magdalenas nach Vézelay zu überführen. Er fand nach längerem Suchen das zerstörte Grab und barg bei Nacht die Reliquien. In feierlicher Prozession wurden sie nach Vézelay gebracht und in der Krypta der dortigen Klosterkirche erneut beigesetzt. Seither ist Vézelay ein besuchter Wallfahrtsort.

Das Innenportal der Magdalenen-Basilika. 11. und 12. Jahrhundert.
Vézelay (Yonne)

PATMOS

> Nah ist
> Und schwer zu fassen der Gott.
> Wo aber Gefahr ist, wächst
> Das Rettende auch.
>
> Hölderlin «Patmos»

Mag die Reise der urchristlichen Flüchtlinge noch so legendenumwoben sein: mit hoher Wahrscheinlichkeit darf als historische Tatsache angenommen werden, daß Lazarus-Johannes seine Schwestern nach Frankreich begleitet und sich eine Zeitlang dort aufgehalten hat. Vielleicht wählte er für die Rückkehr zunächst den Landweg, kam so zum erstenmal nach Rom und kehrte von dort nach Ephesus zurück, wo er schon zuvor, vermutlich bald nach Golgatha, gemeinsam mit der Mutter Jesu gewohnt hatte.

Der Legende nach kommt er von Ephesus Jahrzehnte später (zwischen 80 und 90?) als Gefangener wieder nach Rom. Die «Legenda aurea» berichtet: «Johannes, der Apostel und Evangelist, predigte zu Ephesus. Da ward er von dem Statthalter gefangen und ihm geboten, er solle den Abgöttern opfern. Als er dem Gebot nicht gehorsam sein wollte, ward er ins Gefängnis geworfen.»[74] Pflichtgemäß wurde über den christlichen Verächter der Götter nach Rom berichtet. Die Folge war, daß er auf kaiserlichen Befehl – es war die Regierungszeit des Domitian (81–96) – nach Rom transportiert wurde. Dort geriet er in die übliche Foltermühle. Zunächst wurde ihm sein Haupthaar kurz geschoren; damit war er dem Spott der Bevölkerung preisgegeben. Dann vollzog man die Ölfolter an ihm. Ein Kessel mit Öl wurde zum Sieden gebracht und der Delinquent hineingetaucht. Johannes bestand zum Ärger seiner Folterer diese brutale Prozedur. Die Kapelle San Giovanni i Oleo vor dem Stadttor Porta Latina erinnert heute an sein Martyrium.

Es ist ein altes Gesetz: Gefolterte, welche die Peinigungen lebend überstehen, sind eine immerwährende Anklage für die Folterer. Man versucht sie möglichst aus Sichtweite zu bringen. So geschah es auch mit Johannes. Auf kaiserlichen Erlaß wurde er auf die Gefangeneninsel Patmos verbannt. So nahe Ephesus und Patmos zueinander gelegen sind – Johannes kam nach Patmos auf dem Umweg über Rom, dem Ort, an dem das Leben der beiden anderen großen Zeugen des Urchristentums, Petrus und Paulus, endete.

Es wird überliefert, daß Johannes in der Verbannung von seinem Schüler Prochoros begleitet wurde. Beide werden wohl leichte Fesseln getragen haben, die eine gewisse Bewegungsfreiheit zuließen. Wir

Das Tempelchen San Giovanni i Oleo, an der Via Latina, Rom

haben keinen Grund, an der ältesten Tradition, die bis heute bewahrt wurde, zu zweifeln, daß nämlich die überhängende Felsengrotte auf Patmos, über der später eine kleine Kirche erbaut wurde, tatsächlich der Aufenthaltsort der Verbannten war. Notdürftig gegen die unmittelbaren Witterungsunbilden geschützt, lebten sie sonst im Freien.

Selbst wenn die «heilige Grotte» nicht identisch sein sollte mit dem wahren Aufenthaltsort des Johannes während seiner Verbannung, müssen wir uns doch das Gefangenenmilieu auf Patmos etwa so vorstellen.

Es ist nicht auszuschließen, daß auch hier die Legende die Wirklichkeit trifft, wenn sie berichtet, daß Johannes im Laufe seiner Gefangenschaft von dem römischen Gouverneur Laurentius begünstigt wurde. Er soll von seinen Ketten befreit und in das Haus einer Familie Myron aufgenommen worden sein. Dort begann er offen von dem Auferstandenen zu reden und gewann die Seelen seiner Gastgeber für sich. Er soll den kranken Sohn des Myron, Apollonides, geheilt und schließlich sogar über die Tochter Chrysippe und deren Mann den Insel-Gouverneur für das Christentum gewonnen haben. Die heutige griechisch-orthodoxe Gemeinde auf Patmos verehrt darum in Johannes ihren unmittelbaren Begründer.

Johannes der Evangelist mit Prochoros. Ikone, 17. Jahrhundert. Athen, Byzantinisches Museum

DIE APOKALYPSE

Zu Beginn der Apokalypse, im ersten Vers, teilt der Seher mit, daß ihm, «dem Diener Johannes», die Offenbarung zuteil geworden ist. Nicht wie bei den Propheten des Alten Testaments ist es der Vater-Gott, der ihm die Offenbarung gibt, sondern der Auferstandene, Jesus Christus. Dieser hat sie *in Zeichen gesetzt* und durch seinen Engel dem Johannes gesandt.

Kraft der mit dem Empfang der Offenbarung verbundenen Vollmacht wendet Johannes sich sogleich unter erneuter Nennung seines Namens (4. Vers) an die, welchen er die Botschaft weitergeben soll: *Johannes den sieben Gemeinden in Asien.*

Und schließlich spricht er im 9. Vers in äußerster Knappheit und Klarheit das Einmalige der Situation aus: *Ich Johannes, euer Bruder und Gefährte im Leiden, im Königtum und im Ausharren, war auf der Insel, die Patmos genannt wird, um des göttlichen Logos und um des Martyriums Jesu willen. Ich war im Geiste an dem Tage des Herrn (einem Sonntage) und hörte von hinten eine gewaltige Stimme, tönend wie eine Posaune, die sprach . . .*

So nimmt der Leser der Offenbarung schon in der Einleitung dreimal den Namen «Johannes» auf. Daß dies nicht ohne spirituelle Absicht geschieht, ist selbstverständlich. In keinem der vier Evangelien wird der Name des Evangelisten genannt. Matthäus und Markus bleiben völlig anonym. Lukas wählt nur in den ersten Zeilen eine persönliche Anrede, Johannes gibt, wie wir sahen, im «Nachtrag» zum Evangelium einen verschlüsselten Hinweis auf sich selbst. Konträr zu diesem Verhalten läßt uns der Apokalyptiker keinen Augenblick vergessen, daß er es ist, dem die göttliche Schau zuteil wird. *Und ich sah . . . und ich hörte – und fragte; weinte, fiel nieder, ging, nahm* usw. – solche Beziehungen auf sich selbst tauchen immer wieder auf. An mehr als siebzig Stellen spricht der Apokalyptiker von seiner eigenen Beteiligung an dem visionären Vorgang. Bei aller Nähe und geistigen Verwandtschaft zu den Propheten des Alten Testaments wie Jesaja, Jeremia und Hesekiel ist in der Apokalypse ein «Ich-Klang» hörbar, den es zuvor in der eschatologischen Verkündigung so nicht gab. Nur bei Daniel kündet sich dieses bewußte Ich-Element des Visionären schon an, das dann bei Johannes zur vollen Reife gelangt. Das Einmalige der geistigen Individualität des Johannes spricht unverwechselbar zu dem, *der Ohren hat zu hören.* So auch die Zeile im letzten Kapitel: *Ich Johannes bin es, der dieses gesehen und gehört hat.* Er selbst bürgt für die Wahrheit dessen, was durch die Schau und ihre Niederschrift für verstehende Menschen mitgeteilt wird.

Für den Gegenwartsmenschen ist die Apokalypse buchstäblich «ein Buch mit sieben Siegeln». Denn nicht eine Zeile entstammt dem intellektuellen Bewußtsein bzw. richtet sich an ein solches. Alles ist auf dem Wege der Imagination, Inspiration und Intuition[75] dem Seher zugeströmt. Selbst zu seiner Zeit, das heißt zum Ende des ersten nachchristlichen Jahrhunderts, war ein solches Vermögen nicht mehr eine Selbstverständlichkeit. Aber die «Gebildeten» des Judentums von damals kannten diese Sprache. In dem Maße jedoch, wie – vor allem durch die Naturwissenschaft und die in ihr geübte Denkmethode – die Welt der Sinne, das sogenannte Diesseits, immer deutlicher und durchdringender erschlossen wurde, hat sich der Blick für echte Vision und ihre Inhalte verdunkelt. Man kann es geradezu als ein Gesetz konstatieren: Je heller der Himmel, das heißt die unsichtbare, geistige Welt dem

Menschen geöffnet erschien, um so nebelhafter war ihm das Diesseits. Das mythologische Zeitalter der Griechen kann man in diesem Sinne als ein Übergangszeitalter charakterisieren. Je heller aber mit Sinnen und Instrumenten die sichtbare irdische Welt für das intellektuelle Bewußtsein erschlossen wurde, um so dunkler wurde der Himmel, die geistige Welt.

Johannes steht als Seher auf der Grenzscheide. Darum können Männer wie Origenes, Irenäus, Klemens und Augustinus ihn noch verstehen, während Martin Luther angesichts der Apokalypse gesteht: «Mein Geist will sich in dieses Buch nicht schicken.»

Wer heute die kleine Kapelle auf Patmos betritt, welche die Offenbarungs-Grotte birgt, und das Glück hat, sich eine Zeitlang allein in ihr aufhalten zu dürfen, kann durchaus, falls er für eine solche Atmosphäre empfänglich ist, von dem Genius loci berührt werden. Das alte, verräucherte Bild über einem kleinen Altar gibt die Ausgangssituation des Apokalyptikers wieder. Er liegt «wie tot» am Boden, und über ihm erscheint durch sieben Leuchter hindurch der Auferstandene. Es ist dies der Augenblick, der im ersten Kapitel beschrieben wird:

Und als ich ihn schaute, fiel ich zu seinen Füßen wie ein Toter; und er legte mir seine rechte Hand auf und sprach zu mir: Fürchte dich nicht! Ich bin der Erste und der Letzte und der Lebendige [ho zōn] *; ich war tot, und siehe, nun bin ich lebend von Ewigkeit zu Ewigkeit und habe die Schlüssel der Hölle und des Todes. Schreibe, was du geschaut hast, nieder und was da ist und was geschehen wird in Zukunft. Das Mysterium der sieben Sterne, die du in meiner rechten Hand gesehen hast und die sieben Leuchter: die sieben Sterne sind die Engel* (Geister) *der sieben Gemeinden; und die sieben Leuchter, die du schautest, das sind die sieben Gemeinden.*

Der reiche Jüngling hatte die Frage nach dem rechten Verhalten gestellt, um des Lebens der Ewigkeit teilhaftig zu werden. Als Lazarus hatte er den Durchgang durch den Tod zu eigenem neuem Leben erfahren. Als der Jünger, *den der Herr lieb hatte,* war er auf Golgatha anwesend, hatte mit eigenen Augen den göttlichen Menschen, den Gott in Menschengestalt am Kreuz sterben sehen. Dann stand er gläubig am leeren Grab und erfuhr als einer der ersten die Gegenwart des Auferstandenen. Jetzt auf Patmos, als Gefangener in der Felsenhöhle, wurde er aufs neue erwählt, als Zeuge im Geiste die Stimme seines göttlichen Meisters zu hören und ihn zu schauen als den tätigen Herrn von Himmel und Erde – als «das Leben von Äon zu Äon». Das Erlebnis überwältigte ihn. Zuerst hatte er nur die Stimme des Auferstandenen vernommen, *eine große Stimme, wie der Klang einer Posaune.* Diese sprach: *Ich bin das Alpha und das Omega, der Erste und der Letzte. Was du schaust, das schreibe in ein Buch und sende es zu den Gemeinden in*

Asien: nach Ephesus und nach Smyrna und nach Pergamon und nach Thyatira und nach Sardes und nach Philadelphia und nach Laodicea.

Dann aber wandte er sich – im Geiste – um, den zu sehen, dessen Stimme zu ihm sprach. Und jetzt schaute er ihn, den Auferstandenen selbst: . . . *da sah ich sieben goldene Leuchter und mitten unter den sieben Leuchtern ein Wesen, das dem Sohne des Menschen glich. Er war umhüllt von einem langen Gewand und um die Brust mit einem goldenen Gürtel gegürtet. Sein Haupt aber und seine Haare waren leuchtend hell wie weiße Wolle, wie Schnee. Und seine Augen leuchteten wie eine Feuerflamme und seine Füße so wie Erz im Ofen glüht. Seine Stimme war wie das Rauschen vieler Wasserströme und in seiner rechten Hand hatte er sieben Sterne und aus seinem Munde ging ein scharfes, zweischneidiges Schwert hervor. Und sein Antlitz leuchtete wie die Sonne* [helios] *in ihrer ganzen Kraft.*

So befremdlich diese Schau auch für das Gegenwartsbewußtsein

Johannes auf Patmos. Fresko von Giotto. Florenz, S. Croce

Die Grotte des Johannes, Patmos

sein mag, so einmalig und großartig ist sie in ihrer Art. Sie übertrifft alles, was wir von Paulus und aus den Evangelien kennen. Paulus vermochte sein Gesicht vor Damaskus, als er sich vor König Herodes Agrippa I. verteidigen mußte, in den Satz zu kleiden: «Da ich gen Damaskus mit Vollmacht und Auftrag der Hohenpriester reiste, schaute ich mitten am Tage auf dem Wege ein Licht vom Himmel, heller denn der Sonne [helios] Glanz, das mich und die mit mir reisten, umleuchtete.» Und auch von den Jüngern, als sie auf dem Berge Tabor das übersinnliche Wesen ihres Meisters schauen durften, heißt es: «Und er ward verklärt vor ihnen, sein Antlitz leuchtete wie die Sonne [helios] und seine Gewänder wurden hell wie das Licht.» Dem

«... und fiel wie tot zu Boden». Wandbild in der Johannes-Grotte, Patmos

Thronender Christus mit den sieben Leuchtern der Apokalypse.
Evangeliar aus Trier, 11. Jahrhundert.
Berlin, Staatsbibliothek

Johannes erscheint die ganze Gestalt vom Haupt bis zu den Füßen – eine in sich gegliederte Vision, eingetaucht in die strahlende Aura hellster, geistiger Sonnenkraft.

So sehr er auch durch sein Leben und die Nähe zu Jesus Christus vorbereitet war: dem war er nicht gewachsen. So fiel er wie «tot» zu Boden.

Die Offenbarung des Johannes, die Apokalypse, ist sowohl in der Form wie im Inhalt ein Geisteskunstwerk ersten Ranges. Man wird schwerlich in der Weltliteratur eine Schrift finden, die sich mit dieser spirituellen Urkunde vergleichen läßt oder messen kann.

Eine Übersicht über den Aufbau ergibt:

Einleitung
Hauptteil: Die sieben Sendschreiben
Die sieben Siegel
Die sieben Posaunen
Die sieben Zornesschalen
Die Vision des neuen Jerusalem
Abschluß: Worte des Engels, Jesu Christi und des Johannes.

Diese Übersicht ist vereinfacht. Im Kommentar von Ernst Lohmeyer wird die Wirkensweise der Siebenzahl auch bis in die Untergliederungen aufgezeigt: So die sieben Visionen vom Reich des Drachen, die sieben Visionen vom Kommen des Menschensohnes, die sieben Visionen vom Falle Babylons und die sieben Visionen von der Vollendung.[76]

Der Einwand, daß es sich in der Apokalypse des Johannes eben doch nur um «Zahlenmystik» handle, ist nicht sehr weise. So wie die Zahl Eins qualitativ Einheit, die Zwei Polarität und Gegensätzlichkeit bedeutet, so ist die Vier (Quadrat, Kubus) die Zahl des Raumes, und die Sieben ist die Zahl der Zeit, des Rhythmus und der Entwicklung.

Bekannt ist die qualitative Zahlenlehre des Pythagoras. Harmonie im Weltall beruht nach ihm auf proportionierten Zahlenverhältnissen. Auch der Platonismus anerkennt das Geheimnis der Zahl: «Gott geometrisiert fortwährend». Die Astronomie des Johannes Kepler bringt die Renaissance dieser Anschauung. Beide Werke Keplers: «Mysterium Cosmographicum» und die «Harmonices mundi» verkünden die Lehre von der Bedeutung der Zahl als Qualität. Als letzten «Pythagoräer» in diesem Sinne muß man Novalis nennen. Er schrieb: «Das Leben der Götter ist Mathematik» und «Reine Mathematik ist Religion». Alle Genannten: Pythagoras, Platon, Kepler und Novalis weisen zugleich auf das Wesen der Musik hin; ihren Harmonien und Disharmonien liegen stets Zahlenverhältnisse zugrunde.

Der Apokalyptiker spricht nicht *über* die Zahlen, sondern er hand-

Das St. Johannes-Kloster auf Patmos

habt sie in spirituell-künstlerischer Weise. Das Wesen der Sieben, aber auch der Drei und der Zwölf dienen ihm als Schlüssel und Ordnungsprinzipien, um das von ihm im Übersinnlichen Geschaute, Gehörte und Erlittene in die Sprache dieser Welt zu übertragen.

Am einleuchtendsten mag dies bei der Erfüllung seines ersten Auftrags erscheinen: den sieben Sendschreiben an die Gemeinden zu Ephesus, Smyrna, Pergamon, Thyatira, Sardes, Philadelphia und Laodicea. Als Empfänger wird jeweils der «Engel der Gemeinde» genannt. Natürlich hat es damals in Kleinasien auch schon andere als die sieben genannten Gemeinden gegeben. Aber für den, der dem Johannes die Botschaft diktiert, sind diese sieben Gemeinden Prägungen von sieben möglichen Typen. Zusammen bilden sie das Ganze einer christlichen Urgemeinschaft, die durch ihre sieben wesentlichen Nuancen einander ergänzen. Für eine achte Gemeinde ist nur numerisch, nicht aber qualitativ noch der Raum frei. So, wie die sieben Regenbogenfarben in Einheit das Licht der Sonne ergeben, so bilden die sieben Gemeinden die e i n e Gemeinschaft des Christus. Jede weitere Gemeinde kann die ihr entsprechende Belehrung aus einem der Sendschreiben entnehmen.

Damit ist aber nicht gesagt, daß es sich um sieben erdachte bzw.

symbolische Gemeindetypen handelt, die nur im Geistbild des Johannes Bestand haben. Die Sendschreiben machen deutlich, daß Johannes vor seiner Verbannung nach Patmos die christlichen Gemeinden Kleinasiens gut gekannt haben muß. Es wird auch aus den apokryphen «Johannes-Akten» deutlich. Dort unternimmt Johannes nach seinem ersten Aufenthalt in Ephesus eine Rundreise durch die kleinasiatischen Gemeinden. Erst später erfolgt seine Gefangennahme und Verbannung.

Wir wählen als eine der Botschaften das Sendschreiben an die Gemeinde zu Sardes aus, um die Grundprinzipien, um die es in dem ersten Teil der Apokalypse geht, andeuten zu können. Es ist das fünfte Schreiben, liegt also im Sinne der qualitativen Siebenheit zwischen Anfang (1) und Ende (7) schon einen Schritt hin zum Ende. Die Fünf ist in diesem Sinne der Ort der Entscheidung, insofern der Weg durch die Sieben seine Mitte in der Vier hat und die weitere Richtung durch die Fünf bestimmt wird.

Das Schreiben an die Gemeinde zu Sardes lautet:

Und dem Engel der Gemeinde zu Sardes schreibe:

Es spricht, in dessen Hand die sieben Geister Gottes gehalten sind und die sieben Sterne: Ich durchschaue deine Taten; denn du hast den Namen eines lebendigen Wesens, bist aber tot. Wache auf und stärke das in deiner Seele, was zum Tode neigt. Denn deine Werke habe ich als nicht genügend vor dem Angesicht Gottes erfunden. Übe das in deiner Erinnerung zu beleben, was du empfangen und gehört hast. Pflege es und wandle deinen Sinn. Wenn du nicht erwachst, werde ich kommen wie ein Dieb; du wirst nicht wissen, zu welcher Stunde ich zu dir komme.

Doch du hast einige wenige Namen in Sardes, die ihre Gewänder nicht beschmutzt haben. Sie werden mit mir wandeln in weißen Gewändern, denn sie sind dessen würdig.

Wer siegreich besteht, soll mit weißen Gewändern bekleidet werden, und sein Name soll nicht aus dem Buche des Lebens ausgetilgt werden. Und ich will mich zu seinem Namen bekennen vor meinem Vater und seinen Engeln.

Wer Ohren hat, der höre, was der Geist zu den Gemeinden spricht.

Im wesentlichen sind alle sieben Sendschreiben nach dem gleichen Prinzip aufgebaut. Als Empfänger wird der Engel der speziellen Gemeinde (Ekklesia) genannt. Statt Engel könnte auch «Geist der Gemeinde» übersetzt werden. Dieser ist gemeint und für den Apokalyptiker eine Wirklichkeit. Er ist der Schutzgeist der Gemeinde – entsprechend dem Schutzgeist (Engel) eines einzelnen Menschen – und als solcher nicht von dem Leiter (Bischof) der Gemeinde und allen Gliedern derselben zu trennen.

Engel mit Posaune. Illustration der Apokalypse aus St. Sever (Gascogne). Um 1050. Paris, Bibliothèque Nationale

Es folgt als geistiger Ausweis für die Vollmacht des Auftraggebers die Charakterisierung einer Seite des Wesens Christi. Dann werden Mahnung (Tadel) und Anerkennung (Lob) ausgesprochen. Die geistigen Probleme der betreffenden Gemeinde werden mit deutlichen Worten gekennzeichnet. So geht es in der Gemeinde von Sardes um die Gültigkeit des «Namens» und die Reinheit der Gewänder. Mit dem Wort «Namen» wird in der Apokalypse stets das Geheimnis des menschlichen Eigenwesens berührt: Das Ich-Mysterium. Jeder Mensch braucht in seiner Sprache, wenn er sich selbst bezeichnen will, das gleiche Wort: Ich. Er bezeichnet sich damit in seiner Einmaligkeit. Wie verschieden aber kann dieser Ich-Klang sein! Wieviel Überbetonung und ungerechtfertigte Selbstbezüglichkeit bis zu dem: du gibst dich als lebend aus, in Wirklichkeit bist du ein substanzloses Wesen, von der Ewigkeit aus gesehen bist du tot. – Doch bei diesem Urteil bleibt das Sendschreiben nicht stehen. Es folgt die Mahnung als Hilfe, den Sterbeprozeß im innersten Kern zu überwinden. Dies kann durch religiöse Übung geschehen; durch Belebung und Erinnerung dessen, was von der göttlichen Welt der Menschheit als Offenbarung zugeflossen ist. Aus diesem Grund hielten einst die Christen so viel vom Lesen in der Bibel, vom seelischen Sich-Durchdringen mit den heiligen Texten. *Pflege es und wandle deinen Sinn.* Wir könnten auch sagen: Wenn der Leser die Inhalte des Neuen Testaments ernst nimmt und sie im inneren und äußeren Leben zu verwirklichen sucht, wird er, falls es nicht zu einer seelischen Spaltung führen soll, die «Sinneswandlung» konsequent durchführen müssen. Und diese Wandlung wird darin bestehen, daß der religiös Übende sich von den Augenblickswerten, die nur für das Leben zwischen Geburt und Tod Geltung haben, löst und sich den Ewigkeitswerten zuwendet, die den Tod überdauern – dem Leben von Äon zu Äon.

Es folgt der eschatologische Hinweis auf die zeitlich nicht festlegbare Hilfe durch einen neuen Offenbarungsakt Christi, durch sein Kommen im Geiste.

Schließlich werden jene Gemeindeglieder besonders anerkannt, die sich durch das uneigennützige Leuchten ihrer Seelen – die reinen Gewänder – aus der Schar der übrigen hervorgehoben haben. Sie werden dem Auferstandenen auf seinem Pfade folgen können. Er wird ihr Begleiter sein und sich zu ihrem Ich (Namen) bekennen – vor Gott und allen übersinnlichen Wesen. Sie werden wahrhaft leben.

Als Unterton schwingt die Gegenmöglichkeit mit: Wer das von Gott gesetzte Ziel nicht erreicht, dessen Ich-Name wird aus dem Lebensbuch getilgt. Die Menschen, die durch ihr eigenes Verhalten das göttliche Ziel nicht erreichen – das ist die furchterregende Vorstellung der urchristlichen Eschatologie –, werden als Eigenwesen ausgelöscht.

Das Sardes-Sendschreiben schließt mit dem Anruf, der auch gegen Schluß in den sechs anderen erklingt: *Wer Ohren hat, der höre, was der Geist zu den Gemeinden sagt.*

Dem Geist dieses Satzes begegnet man auch schon in den Evangelien. So bei Markus im 8. Kapitel, wenn dort nach den Speisungen Jesus seinen Jüngern die Stumpfheit ihrer Seelen und die Lahmheit ihres Geistes vorwirft: «Ihr habt Augen und seht doch nicht, und ihr habt Ohren und hört doch nicht.» Denn im Sinne des Neuen Testaments kann ein Mensch mit leiblich gesunden Augen seelenblind und mit gesunden Ohren geistestaub sein. Vom Urchristentum aus dürfte dies die Signatur jedes materialistischen Zeitalters sein – also im besonderen unserer Gegenwart. Darum gilt stets: *Wer Ohren hat, der höre ...*

Es würde den Rahmen dieser Johannes-Monographie vollends sprengen, wenn wir auf den Inhalt der gewaltigen Visionen des Apokalyptikers einzugehen versuchten. Oft wurde es unternommen, die jeweils eigene Zeit im Spiegel der Apokalypse zu interpretieren. Vor allem Sektierer und Schwarmgeister haben sich der grandiosen Bilder der Apokalypse bemächtigt, um dem eigenen Wollen Nachdruck zu verleihen. Das aber sollte nicht dazu verleiten, wegen des offenkundigen Mißbrauchs, der so mit der Offenbarung getrieben wurde, diese selbst zu verwerfen. Die einfachste Beurteilung dieses letzten Buches der Bibel stammt von Johann Albrecht Bengel (1687–1752): «Damit ist die Gemeinde des Herren völlig unterrichtet, daß man immer wissen kann, woran man sei.» Er meint, wer die Apokalypse recht zu deuten vermag, hat stets einen guten Wegweiser durch die Gegenwart in die Zukunft. Nur muß man das Buch eben zu lesen verstehen, und sicherlich gibt es nur wenige, die das vermögen.

Zur weiteren Verdeutlichung wählen wir zwei unmittelbar aufeinander folgende Bildereignisse.

Am Schluß des 10. Kapitels ist geschrieben, wie Johannes eine gebieterische Stimme vom Himmel hört, die ihm sagt: *Gehe hin, nimm das offene Büchlein aus der Hand des Engels, der auf dem Meer und auf der Erde steht! Und ich ging hin und sprach zu ihm: Gib mir das Büchlein! Und er sprach zu mir: Nimm hin und verschling es! und es wird in deinem Bauche bitter sein, wenn es auch in deinem Munde wie süßer Honig schmeckt.* Johannes folgt dieser Aufforderung, er ißt das Buch, es schmeckt wie Honig, aber im Innern bereitet es Schmerzen.

Unschwer erkennt man das Gesetz aller Offenbarung von tieferen Wahrheiten. Mit Freude nimmt der Mensch sie auf, sie «mundet ihm». Soll sie aber dem ganzen Menschen einverleibt werden, das heißt nicht im Kopf stecken bleiben, so führt das zu schweren inneren Kämpfen. Der Empfangende sieht sich gezwungen, sein eigenes Wesen gemäß der Wahrheit zu ändern – und das schmerzt.

Nachdem Johannes diese Schmerzen durchgestanden hat, wird ihm ein neuer Auftrag zuteil.

Es wurde ihm ein stabförmiges Rohr gegeben, und eine Stimme sprach zu ihm: *Richte dich auf und nimm das Maß des göttlichen Tempels und des Altares und derer, die darin anbeten. Den Vorhof außerhalb des Tempels wirf hinaus und miß ihn nicht, denn er ist den Heiden gegeben ...* (11. Kap. 1,2).

In unserer Sprache: Der Apokalyptiker hat einen neuen Maßstab für das religiöse Leben erhalten. Nach ihm soll er alle Religion, das Leben im Tempel und am Altar neu einrichten. Doch ein Teilgebiet (der Vor-

Johannes auf Patmos. Gemälde von Hieronymus Bosch.
Stiftung Preußischer Kulturbesitz, Berlin

Johannes verschlingt das Buch. Aus der «Apokalypse» von Albrecht Dürer. Holzschnitt-Folge, 1498

hof), das einst auch zum religiösen Leben gerechnet wurde, soll den Profanen überlassen bleiben. So verstanden mag gerade der Gegenwart ein solcher apokalyptischer Auftrag gestellt sein.

Alles in allem ist die Offenbarung des Johannes von einem unsagbaren Ernst durchdrungen. Die Gegenmächte des Guten treten fast stärker in Erscheinung als dieses selbst. Der Weg der Menschheitszukunft führt von Katastrophe zu Katastrophe, bis endlich die Kraft des Lammes alle Widersacher überwindet. Vergebens suchen der Drache, der Satan, das siebenköpfige Tier aus dem Abgrund die göttlichen Ziele zu verhindern.

Man versteht, daß selbst gläubige Christen vor diesem Buch haltmachen. Uns jedoch will scheinen, daß nirgends in der Weltliteratur das Werden von Mensch und Erde so realistisch beschrieben worden ist wie in der Zukunftsschau des Johannes.

Der Engel gibt Johannes den Maßstab. Wandteppich, Ende des 14. Jahrhunderts. Angers

DAS EVANGELIUM DES JOHANNES

> «Nimm das Johannes-Evangelium fort, und du hast der Welt die Sonne genommen.»
>
> Huldrych Zwingli

Wie der Zeitpunkt nicht mit Sicherheit zu bestimmen ist, zu dem Johannes nach Patmos verbannt wurde, so wissen wir auch nicht genau, wann ihm die Freiheit zurückgegeben wurde und er nach Ephesus zurückkehren durfte. Man vermutet, daß dies nach dem Tode des Kaisers Domitian, also um 96 geschah.

Es ist nicht wahrscheinlich, daß er bei seiner Rückkehr die Mutter Jesu noch lebend vorfand. Wir versagen uns, an dieser Stelle dem Legendenkranz nachzugehen, der sich um das Sterben der Mutter Maria gebildet hat. Ob Johannes nun wieder das Haus auf dem Berg einnahm oder jetzt in Ephesus wohnte, mag offen bleiben. Begründet aber ist die Vermutung, daß er erst jetzt im höchsten Greisenalter sein Evangelium aufzeichnete bzw. ihm die letzte, reife Formung gab.

Soweit die Urheberschaft nicht in den Kreisen gnostischer Christen der kleinasiatischen Gemeinden gesucht wurde, bestand Einhelligkeit in der Auffassung, daß das Evangelium von Johannes zu Ephesus als sein letztes Werk niedergeschrieben wurde. Nicht nur alle legendäre Tradition bezeugt dies vielfältig, sondern schon einfache Überlegungen führen zu dieser Annahme.

Die griechische Sprache im Evangelium ist wesentlich reifer als die in der Apokalypse. Wenn beide einen Urheber haben, so wird man keinen Augenblick zögern, die Apokalypse, die noch ungleich mehr den ursprünglichen Hebräer verrät, zeitlich vor dem Evangelium anzusetzen. Aber auch die biographische Überlieferung legt dies nahe. Die Apokalypse empfing Johannes in der Gefangenschaft auf Patmos zur Zeit Domitians; das Evangelium ist das letzte Geschenk des fast hundert Jahre alten Greises Johannes an die Christenheit. Nach der Vollendung starb er, und die Erinnerung an seinen Tod, seine Grablegung und Grabesstätte wurde von frommen Gläubigen in Ephesus bis auf den heutigen Tag gepflegt.

Der Prolog

Dem Evangelium ist der Prolog – die Verse 1 bis 18 des 1. Kapitels – vorausgeschickt. Er gehört untrennbar zum Ganzen und enthält die Quintessenz von allem Folgenden. Seine spirituelle Konzentration ist

Die justinianische Johannes-Basilika in Ephesus. 6. Jahrhundert n. Chr.

einzigartig im gesamten Geistesgut des Christentums, ja, wohl der Menschheit überhaupt. Er ist ein Logos-Hymnus, der vielleicht einst in urchristlichen Gemeinden gesungen wurde, und zugleich ein Meditations-Mantram von unvergleichlicher Klarheit, Schönheit und Tiefe. Man kann ihn ohne Einschränkung die bedeutsamste Urkunde der christlichen Literatur überhaupt nennen. Da ist es müßig, der philologischen Frage nachzugehen, welche vorchristlichen Quellen es gegeben haben mag, aus denen Johannes geschöpft hat, oder wie Rudolf Bultmann die These aufzustellen, daß es sich um einen «Hymnus aus gnostischen Täuferkreisen» handelt. Der Prolog ist dem reinen Geist johanneischer Inspiration entsprungen. Dieser Logos-Hymnus spricht wie jedes große Kunstwerk durch sich selbst, und es bedarf zum Verständnis keiner anderen Bemühung als des geistigen Eindringens in seine Höhen und Tiefen.

Dem Inhalt nach enthält der Prolog die zentrale Christologie der Urkirche. Er ist gleichzeitig ein genialer Brückenschlag zum Schöpfungsmythos der Genesis, wie eine Wegweisung in die Zukunft. In ihm findet die uralte Messias-Sehnsucht des jüdischen Volkes ihre Erfüllung: Der Logos Gottes – der Sohn – wurde Fleisch in Jesus von Nazareth. Ebenso erhalten durch ihn die griechischen Philosophen auf ihre durch Jahrhunderte hindurch immer erneut gestellte Frage: Was war am Anfang des Werdens von Welt, Erde und Mensch? – die Antwort: der Logos. Gleichzeitig aber spricht der Prolog ein Urteil über alle Bemühungen der Neuzeit aus, die Welt aus der Materie erklären zu wollen. Der Prolog lautet übersetzt:

Im Urbeginne war das Wort – der Logos,
Und das Wort – der Logos –
war bei Gott und Gott
war das Wort.
Dieses war im Urbeginne bei Gott.
Alles ist durch dasselbe geworden
und nichts wurde von allem,
was geworden ist, ohne dasselbe.
In ihm war das Leben
und das Leben war das Licht der Menschen.
Und das Licht leuchtet in der Finsternis,
doch die Finsternis hat es nicht ergriffen.
Es ward ein Mensch,
von Gott gesandt,
sein Name war Johannes.
Dieser kam zum Zeugnis,
um Zeugnis abzulegen für das Licht,
damit alle durch ihn glauben sollten.
Er war nicht selbst das Licht,
sondern nur ein Zeuge für das Licht.
Das war das wahre Licht,
das alle Menschen erleuchtet,
die in diese Welt kommen.
Es war in der Welt,
und die Welt ist durch dasselbe geworden,
doch die Welt hat es nicht erkannt.
Zu den ihm Eigenen kam es,
doch die ihm Eigenen nahmen ihn nicht auf.
Allen aber, die ihn aufnahmen,
gab er die Kraft, sich als Kinder Gottes
zu erweisen: die seinem Namen vertrauten,
sind nicht aus dem Blute, nicht aus dem Willen
des Fleisches und nicht aus dem Willen
eines Mannes, sondern aus Gott gezeugt.
Und das Wort ist Fleisch geworden

Thronender Christus. Hitda-Codex aus Meschede, um 1020. Darmstadt, Hessische Landes- und Hochschulbibliothek

und hat unter uns gewohnt,
und wir haben seine Offenbarung geschaut,
die Offenbarung vom eingeborenen Sohne des Vaters,
erfüllt von Gnade und Wahrheit.
Johannes legt Zeugnis für ihn ab und verkündet kraftvoll:
Dieser war es, von dem ich sagte:
Nach mir kommt, der vor mir war –
denn er ging mir voraus.
Aus seiner Fülle haben wir alle empfangen,

Gnade um Gnade.
Denn das Gesetz wurde durch Moses gegeben, die Gnade und die Wahrheit aber ist durch Jesus Christus geworden.
Niemand hat Gott je geschaut.
Der eingeborene Sohn, der im Schoße des Vaters ist,
Er hat ihn uns verkündet.

Nicht das «unveränderliche Sein» des Parmenides, nicht das ewige Werden des Heraklit oder das göttliche Wasser-Element des Thales war nach Johannes im Urbeginn der Welt, sondern der Logos. Dieses Wort ist unübersetzbar. Dem Lexikon nach bedeutet es: Sprechen, Wort, Spruch, Lehre, Erzählung und schließlich das Vermögen, zu denken, Sinn, Vernunft. Dies alles kann «Logos» bedeuten – und doch ist weder das Wort noch der Begriff Logos damit in seiner Tiefe erfaßt.

Man muß Goethe zustimmen, wenn er Faust bei der Übersetzung der ersten Zeile des Prologs stocken läßt: «Ich kann das Wort so hoch unmöglich schätzen; Ich muß es anders übersetzen, Wenn ich vom Geiste recht erleuchtet bin.» Und so führt ihn sein Bemühen, für den Logos einen adäquaten Ausdruck zu finden, von «Wort» über «Sinn» und «Kraft» zu dem: «Im Anfang war die Tat!»

Goethe rührt mit allen vier Worten an das Substantielle des johanneischen Logos: Geistes-Wort, Geistes-Sinn, Geistes-Kraft, Geistes-Tat. Zusammen zielen sie auf das, was nach Johannes vor allem Werden das ewige Sein in sich barg: der Logos, das göttliche Geisteswort. Alle Dinge, vom Stern bis zum Staubkorn, haben diesen gemeinsamen Ursprung. Wie menschliches Sprechen die Offenbarung unhörbarer Gedanken und Seelenregungen im hörbaren Bereich der physischen Luft ist, so tritt die unsichtbare göttliche Welt durch ihr Sprechen in die Sichtbarkeit der Erscheinung. Alles, was geworden ist, also auch alle Materie, ist nach Johannes gleichsam verdichteter Geist. Das ist die eine Grundthese des Prologs. Die Welt tritt nach und nach aus dem Verborgenen der Gottheit in die Sichtbarkeit der Welt, des Kosmos. Alles Offenbare enthält einen Abglanz des göttlichen Ursprungs – getrübt durch die Mächte der Finsternis, welche die Schöpfung dem Schöpfer entreißen wollen. Dies zu verkünden, erschien das göttliche Ursprungswort leibhaft auf Erden – *wurde Fleisch.* Der präexistente Logos trat in Jesus von Nazareth in Erscheinung als das Geisteslicht vom Urbeginn. *Wer an Ihn glaubt* – das heißt: wer als Mensch in seinem Innern die Verbindung mit dem Licht, der Kraft, dem Wort des Ursprungs findet, erfährt das Heil, die Heilung des durch den Abfall erkrankten Wesens. Er empfängt die Begnadung durch Christus und das Leben in der Welt der Wahrheit, er lebt der Zukunft entgegen, durchlichtet vom Heiligen Geiste.

Johannes der Täufer und Johannes der Evangelist.
Gemälde von Michiarelli

Evangelist Johannes. Speyerer Evangelistar, Ende des 12. Jahrhunderts. Karlsruhe, Badische Landesbibliothek

Der verborgene Vater, dessen ewiges Sein durch den Logos in den Bereich des Werdens übergeht, weckt im Menschen durch den Sohn die Teilnahme am göttlichen Ziel des Wieder-Geistseins von Welt und Erde. So birgt der Prolog in aller Klarheit und doch ohne Dogmatik die Lehre von der göttlichen Trinität, der Dreifaltigkeit von Vater, Sohn und Geist.

Obwohl die Evangelisten Matthäus, Markus und Lukas über den mutigen Einsatz des Joseph von Arimathia am Karfreitag übereinstimmend berichten, hören wir von ihnen den Namen des anderen Mannes, der gleichfalls in der entscheidenden Stunde zur Stelle war, des Nikodemus, nicht. Um so gewichtiger nennt das Johannes-Evangelium diesen an drei Stellen: im «Nachtgespräch» (Joh. 3), als Verteidiger Jesu Christi im Rat der Juden (Joh. 7) und als selbstlosen Helfer bei Kreuzabnahme und Grablegung (Joh. 19).

Nikodemus wird von Johannes als Pharisäer – genauer: als *ein Mensch unter den Pharisäern* – und als *ein Oberster unter den Juden* eingeführt. *Der kam zu Jesu bei der Nacht*, so wird das Gespräch zwi-

Die heilige Dreifaltigkeit. Irische Miniatur, um 1150. Wien, Albertina

schen Jesus und ihm geheimnisvoll eingeleitet. Doch noch ehe Nikodemus seine eigentliche Frage vorgebracht hat, spricht Jesus schon den Satz: *Es sei denn, daß jemand von neuem* (von oben) *geboren werde, so kann er das Reich Gottes nicht schauen.* Nikodemus scheint diese Aussage zunächst nicht zu verstehen, beziehungsweise diesseitig mißzuverstehen: *Wie kann ein Mensch geboren werden, wenn er alt ist? Kann er auch wiederum* (zum zweitenmal) *in seiner Mutter Schoß eingehen und geboren werden?* Feierlich, eindringlich ist die Antwort Jesu: *Wahrlich, wahrlich, ich sage dir: Es sei denn, daß jemand geboren werde aus Wasser und Geist* [pneuma], *so kann er nicht in das Reich Gottes Eingang finden.*[77]

Durch das Wort Wasser (hydor) ist diese Antwort für das Gegenwartsbewußtsein schwer verständlich. Wenn schon der heutige Mensch über eine «Wiedergeburt aus dem Geiste» sich nur schwache Vorstellungen zu bilden vermag, so ahnt er doch, was gemeint sein mag. Aber «Wiedergeburt aus dem Wasser»? Da versagen alle Begriffe. Denn für die Gegenwart ist «Wasser» etwas Äußerliches, Materielles, während es sich bei der Wiedergeburt eines Menschen um einen inneren Akt handeln muß. Das Evangelium des Johannes aber verwendet das Wort Wasser im Sinne der Taufe und der alten Elementenlehre. Da ist ihm Wasser der Gegenpol zu dem Erdigen, aus dem der physische Leib des Menschen gebildet ist. Wasser in diesem Sinne ist «Träger des Lebens», ist der alldurchdringende Äther. Darum fährt auch Jesus fort: *Was vom Fleisch* [sarx] *geboren wird, ist Fleisch; und was vom Geist geboren wird, das ist Geist.*[78]

Im Fleische, das heißt im physischen Leib wird das diesseitsbezogene, irdische Gegenstandsbewußtsein gebildet. Es ist an die irdischen Sinne, an Blut und Nerv gebunden. Erst wenn die Seele sich von dieser «Einbindung» losgerissen hat, im leibfreien Bewußtsein sich zu halten vermag, ist sie auf dem Weg zur «Wiedergeburt im Geiste». Eine solche Anschauung war Teilnehmern an den antiken Mysterien, insbesondere in Ephesus, nicht fremd. Denn der Höhepunkt ihrer Zeremonien war stets die Feier einer Grablegung, eines «Seelen-Todes» und die folgende «Auferweckung» zurück in das irdische Leben im Leibe.

Im Nikodemus-Gespräch wird der Prozeß der geistigen Neugeburt als ein Innenerlebnis der suchenden Menschenindividualität geschildert, durch das ein Bewußtsein von der über-sinnlichen Welt und damit Zugang «zum Reiche Gottes» gefunden werden kann – ohne Hilfe durch ein Mysterien-Zeremoniell.

Alle wahre christliche Mystik nahm von diesem «nächtlichen Gespräch» über die innere Wiedergeburt des Menschen ihren Ausgang. Von Meister Eckart an über Johannes Tauler, Nikolaus von Kues,

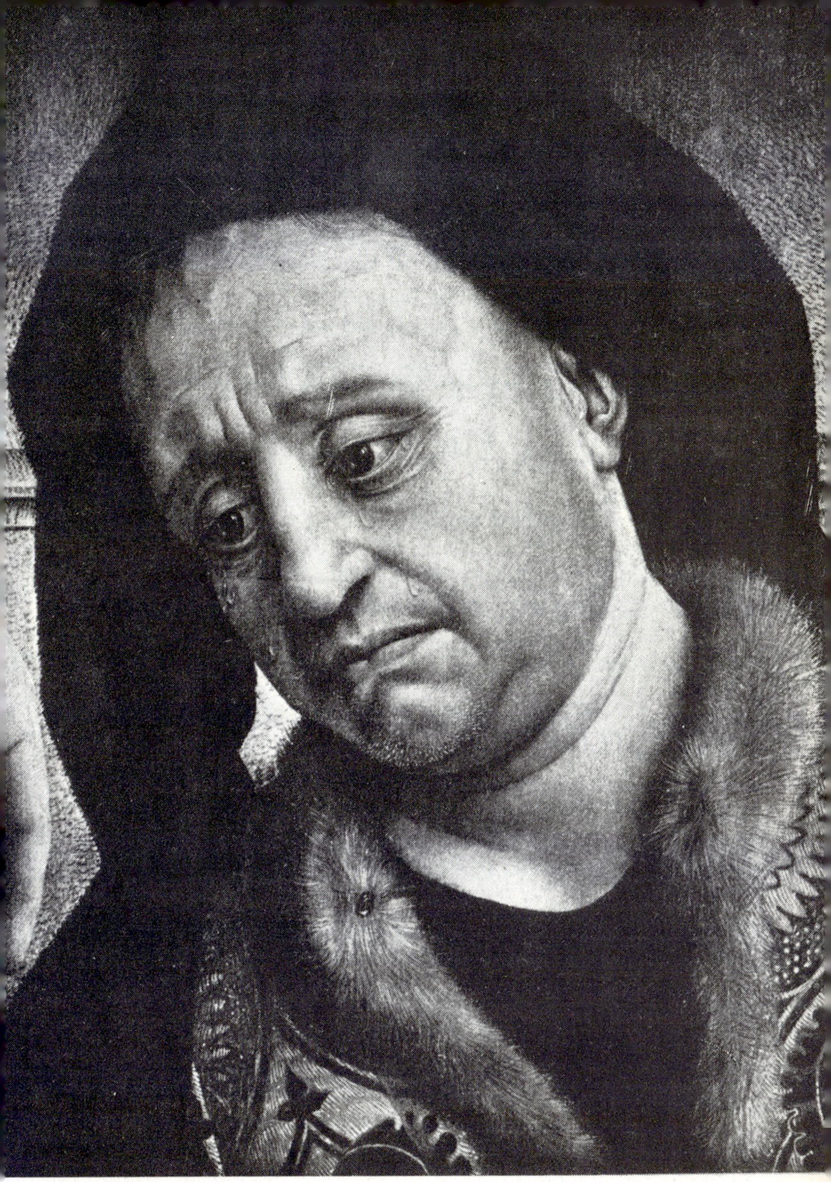

Nikodemus. Ausschnitt aus der «Kreuzabnahme» von Rogier van der Weyden. Madrid, Prado

Paracelsus, Jakob Böhme bis hin zu Angelus Silesius wird mit immer neuen Worten das Grundthema der Nikodemus-Unterweisung als eigene Innenerfahrung strebender Christen zum Ausdruck gebracht. Stets geht es um den «Bruch» in der Seele des Menschen, durch den die Gespaltenheit in ein «niederes» und ein «höheres» Ich zum Bewußtsein gebracht wird. Sie alle sehen in dem alltäglichen Selbstbewußtsein des Menschen nur einen Schattenwurf des «wahren Selbst», das zur Erweckung drängt. Solange die «geistige Wiedergeburt» nicht erfolgt ist, gehört der Mensch auch mit seinem seelisch-geistigen Leben der Vergänglichkeit an. Dem leiblichen Tode folgt dann mit Notwendigkeit der Seelentod, wenn der Geist bei Lebzeiten verkümmert ist. Der wahre Mystiker fürchtet den Tod nicht. Denn für ihn bedeutet die Erweckung des höheren im niederen Selbst das Teilhaftigwerden am Unvergänglichen, Ewigen, das alle Verwesung und jeglichen Verfall überdauert. Es ist das göttliche «Fünklein der Seele», von dem Meister Eckart schreibt: «So lauter und so hoch und so edel in sich selber, daß darin keine Kreatur sein mag, sondern nur Gott allein wohnt darin mit seiner bloßen göttlichen Natur.» Dieses Aufleuchten des Göttlichen im Innern des Menschen bedeutet in der Sprache der Mystik zugleich «Entwerdung» des niederen und «Vergottung» des höheren Ichs. In dem Nacht-Gespräch zwischen Jesus und Nikodemus hat alle christliche Mystik ihre Geburtsstunde erfahren. Denn die wahre Mystik geht stets von der Frage des «reichen Jünglings» aus: «Wie muß ich mich verhalten, um am Leben der Ewigkeit teilzuhaben?» Dies ist auch die Frage, die unsichtbar zwischen Jesus und Nikodemus im Raum stand. Darum erfährt das Gespräch seinen Höhepunkt in der Mitteilung Jesu: *So sehr hat Gott die Welt* (den Kosmos) *geliebt, daß er den ihm eingeborenen Sohn dahingab, auf daß alle, die an ihn glauben, nicht verlorengehen, sondern das Leben der Ewigkeit empfangen.*

Zum zweitenmal hören wir durch Johannes von Nikodemus, als die Ereignisse in Jerusalem in ihre dramatische Krise treten. *Eine Spaltung* (Schisma) *entstand durch ihn im Volk*, und dann fährt das Evangelium fort: *Einige wollten ihn fassen, aber niemand legte Hand an ihn.* Manche der Pharisäer wünschten sich offenkundig, die niederen Ordnungshüter hätten Jesus verhaftet. So machten sie ihren Dienern Vorwürfe: *Warum habt ihr ihn nicht einfach hergebracht?* Die Antwort der Gerichtsdiener aber war: *Noch nie hat ein Mensch so gesprochen, wie dieser Mensch redet.* Das brachte die Pharisäer erst recht in Zorn: *Seid ihr nun auch schon verführt? Weder von den Obersten noch von den Pharisäern glaubt auch nur einer an ihn – aber das ungebildete Volk, das nichts versteht, das fällt auf ihn herein.*[79]

Dies ist der Augenblick, in dem Nikodemus sich einmischt und –

wenn auch mit gewisser Vorsicht – sich vor die Diener stellt mit der Frage an die Obersten: *Ja, richtet denn unser Gesetz einen Menschen, bevor er angehört wurde und sein Tun erkannt wurde?* Das war ein scharfer Verweis, auf den die Pharisäer-Clique nur zurückgab: *Wie, bist du denn auch einer aus Galiläa?* Sie meinten: wie kannst du nur so töricht sein, den Galiläer in Schutz zu nehmen? Jeder von uns weiß doch, daß aus diesem unbedeutenden Galiläa kein Heil für Jerusalem kommen kann.

Am Abend von Golgatha, am Karfreitag, gab Nikodemus seine Zurückhaltung vollends auf. Wie Joseph von Arimathia bekannte er sich in aller Öffentlichkeit zu dem durch einen Justizmord hingerichteten Meister des göttlichen Lebens: *Es kam aber auch Nikodemus, der vormals bei der Nacht zu Jesu gekommen war, und brachte ein Gemisch von Myrrhe und Aloe von hundert Pfunden. Da nahmen sie* – die beiden Ratsherren Joseph von Arimathia und Nikodemus – *den Leichnam Jesu und banden ihn in leinene Tücher, eingesalbt mit den Spezereien, wie die Juden zu begraben pflegen.*[80] Die Apokryphen zum Neuen Testament berichten, daß die Wirksamkeit des Nikodemus auch nach Golgatha von erheblicher Bedeutung war. Wenn auch das sogenannte «Nikodemus-Evangelium» diesen Namen erst seit der Zeit Karls des Großen trägt, so ist es doch ein Beweis dafür, daß die Persönlichkeit des Ratsherrn Nikodemus als ein maßgeblicher Faktor in der Begründungszeit des Christentums angesehen wurde.

Wir meinen, daß dies zu Recht geschah. Sein Wille zur inneren Neugeburt, sein Mut, über alle Standesschranken hinweg sich zu dem verachteten Jesus von Nazareth zu bekennen und in den entscheidenden Augenblicken wie der Kreuzigung, der Kreuzabnahme und der Grablegung handelnd zur Stelle zu sein, sprechen deutlich genug für ihn. Sein dreimaliges Auftreten im Johannes-Evangelium läßt ihn als menschliche Verkörperung des johanneischen Geistes erscheinen.

Die sieben «Ich bin»-Worte

Zu dem «Sondergut» des Johannes-Evangeliums gehören die Selbstaussagen des Jesus Christus. Sie kristallisieren sich um sieben Brennpunkte, die sieben «Ich bin»-Worte. Diese sind über die ersten 15 Kapitel verstreut und lauten:

Ich bin das Brot des Lebens	Kap. 6,35 und 48
Ich bin das Licht der Welt	Kap. 8,12
Ich bin die Tür	Kap. 10,7 und 9
Ich bin der gute Hirte	Kap. 10,12 und 14

Der gute Hirte. Statuette, 4. Jahrhundert n. Chr.
Istanbul, Museum

Ich bin die Auferstehung und das Leben	Kap. 11,25
Ich bin der Weg und die Wahrheit und das Leben	Kap. 14,6
Ich bin der wahre Weinstock	Kap. 15,1 und 4

Aus einem Menschenmund sind alle sieben Aussagen unerträglich. Welche Überschätzung, welch ein Hochmut wäre es, wenn irgendein Mensch, und sei er noch so bedeutend, von sich sagte: «Ich bin das Licht der Welt»! Und dennoch spricht nach Johannes Jesus Christus solche Worte über sich selbst. Sie sind nur verständlich, wenn eine achte Selbstaussage Jesu Christi der vollen Wahrheit entstammt: *Ich und der Vater sind eins.*[81] Nur unter dieser Voraussetzung sind die anderen sieben Sätze annehmbar. Mit anderen Worten: Wenn aus dem Mund des Jesus von Nazareth, dem zu Bethlehem geborenen Sohn der Maria, gesprochen ist: *Ich bin das Licht der Welt*, so kann es nur ernst genommen werden, wenn tatsächlich der Geist Gottes, des Vaters der Welt durch ihn sprach. In jedem anderen Fall ist es Blasphemie.

Aus dem gleichen Grund kann man aber auch die Gegner Jesu Christi in ihrem Haß und Fanatismus gegen ihn verstehen. Bedenkt man, daß jeder fromme Jude ein mehr oder weniger starkes Gemütsverhältnis zu den Psalmen des Königs David hatte und in ihnen lebte: wie muß es da auf sie gewirkt haben, wenn Jesus von Nazareth auftrat und von sich sagte *Ich bin der gute Hirte*?

Wer der gute Hirte ist, darüber gibt der 23. Psalm eindeutig Auskunft: «Der Herr – Gott der Vater – ist mein Hirte, mir wird nichts mangeln.» Mit dieser und den folgenden Zeilen findet die Frommheit Israels einen so unmißverständlichen Ausdruck, daß später auch Millionen Christen in dem 23. Psalm ihre eigene religiöse Bestätigung erfuhren: «Und ob ich schon wanderte im finstern Tal, fürchte ich kein Unglück; denn du bist bei mir, dein Stecken und Stab trösten mich.»

Unschwer ist vorzustellen, welcher Zorn die Hohenpriester Jerusalems ergriff, als Jesus von Nazareth für sich in Anspruch nahm, selbst der *gute Hirte* zu sein. Denn die Voraussetzung, daß sie es als aus der Wahrheit gesprochen hören konnten, fehlte ihnen – so wie sie wohl auch heute noch vielen fehlt, die sich selbst Christen nennen.

Im gleichen Kapitel des Johannes-Evangeliums – es ist das zehnte –, in welchem Jesus Christus sich als den guten Hirten bezeichnet, erinnert er auch an ein anderes Psalm-Wort: «Ihr seid Götter und allzumal Kinder des Höchsten.»[82] In diesem Hinweis kann man den Schlüssel zum Geiste des johanneischen Christentums erfassen. Denn hier wird das Ziel der Menschwerdung ausgesprochen, das Novalis in den Satz prägte: «Gott will Götter.» Mag der Mensch bei schonungsloser Selbstbeurteilung sich selbst noch so tief in der Verstrickung seines «niederen Ich», in Egoismus und Würdelosigkeit erleben; veranlagt ist er im Sinne des Nikodemus-Gesprächs zur Neugeburt im «höheren Ich» und damit zur Teilhaberschaft Gottes. Das ist das eigentliche Ich-Mysterium, als dessen Verkünder Johannes auftritt. Sein Evangelium bleibt unverstanden und unwirksam, solange nicht der Kern der johanneischen Christus-Botschaft begriffen wird: *Auf daß sie alle eins seien, gleichwie du, Vater, in mir und ich in dir . . . daß sie eins seien, gleichwie wir eins sind, ich in ihnen und du in mir, auf daß sie vollkommen seien in eins . . .*

Dies sind Worte aus dem hohenpriesterlichen Gebet (17. Kapitel), das mit den Sätzen beginnt: *Vater, die Stunde ist da, daß du deinen Sohn offenbarst, auf daß der Sohn dich zu offenbaren vermag; so wie du ihm Macht über alles Fleisch gegeben hast, auf daß er das ewige Leben gebe allen, die du ihm gegeben hast. Das aber ist das ewige Leben* [aionios zoè], *daß sie dich, der du allein wahrer Gott bist, und den du gesandt hast, Jesum Christum erkennen.*

Bis zu dieser Reife ist der «reiche Jüngling» emporgestiegen – durch Tod und Erweckung als Lazarus –, daß er jetzt die Antwort auf seine Frage von einst nach dem Wesen des «ewigen Lebens» als intimster Schüler Jesu Christi selbst zu vermitteln vermag.

Die sieben Zeichen

Der Bericht über die Hochzeit zu Kana und die dort vollzogene Verwandlung von Wasser in Wein wird mit dem Satz abgeschlossen: *Diesen Anfang der Zeichen* [semeion] *bewirkte Jesus in Kana zu Galiäa, und offenbarte seine überirdische Kraft, und seine Jünger glaubten an ihn.*

Zum Schluß des 4. Kapitels wird die Heilung des Sohnes des «Königlichen» geschildert. Dieser Bericht endet mit dem Satz: *Auch dieses zweite Zeichen vollbrachte Jesus, als er von Judäa nach Galiläa kam.*

Jesus tut «Zeichen», wie sie nur ein Gottgesandter vollbringen kann. Die Zeichen sind sein göttlicher Ausweis. So beginnt auch Nikodemus das Nachtgespräch: *Du bist ein Lehrer, von Gott gekommen, denn niemand kann die Zeichen tun, die du tust, es sei denn Gott mit ihm.*

Das griechische Wort semeion ist mit «Zeichen» nur dann gültig übersetzt, wenn man diese Grundstimmung des Nikodemus zugleich mithört: Tat aus der Vollmacht der Gottheit.

Obwohl im 20. Kapitel Johannes abschließend sagt: *Noch viele andere Zeichen tat Jesus vor den Augen seiner Jünger,* bringt er von der Fülle der Heilstaten Jesu Christi, von denen die drei anderen Evangelisten berichten, im ganzen doch nur sieben, das heißt sieben urbildliche Ereignisse, zu denen sich die anderen Taten bzw. Heilungen wie Abbilder zu Urbildern verhalten.

Die sieben Zeichen sind:

1. Die Wandlung von Wasser in Wein auf der Hochzeit zu Kana (2. Kapitel)
2. Die Heilung des Sohnes des Königlichen (4. Kapitel)
3. Die Heilung des 38 Jahre lang Gelähmten am Teiche Bethesda (5. Kapitel)

Hochzeit zu Kana. Elfenbeinrelief, 5. Jahrhundert.
London, Victoria and Albert Museum

4. Die Speisung der 5000 mit fünf Broten und zwei Fischen (6. Kapitel)
5. Die Jünger begegnen dem auf dem Meere bei Nacht Wandelnden (6. Kapitel)
6. Die Heilung des von Geburt an Blinden (9. Kapitel)
7. Die Auferweckung des Lazarus (11. Kapitel).

Man hat sich daran gewöhnt, diese «Zeichen» auch Wunder zu nennen, oder man spricht in einem Atem von Zeichen und Wundern. Und selbstverständlich hält man sie heute für Legenden und Märchen, die

Die Speisung der Fünftausend. Aus einem Evangelienbuch, Geschenk Heinrichs III. an den Dom zu Speyer. Echternacher Arbeit, 11. Jahrhundert

Jesus stillt den Sturm. Aus demselben Evangelienbuch

man Kindern erzählen mag, die aber mit der Wirklichkeit nichts zu tun haben. Oder mit anderen Worten: der intellektuelle und rationalistische Mensch des 19. und 20. Jahrhunderts verweigert dieser Welt, die er für reinen Aberglauben halten muß, sein Interesse und seine Zustimmung. Es war nur ein Akt der «intellektuellen Redlichkeit», wenn Bultmann als zeitweiliger Wortführer der modernen protestantischen Theologie die Methode der «Entmythologisierung» auf die «Zeichen und Wunder» anwandte, so daß diese ins Nichts zerrannen.

Johannes hat nicht wie ein moderner Berichterstatter im Sinne physischer Augenzeugenschaft sein Evangelium aufgezeichnet. Die Niederschrift erfolgte, so sahen wir, am Ende eines langen Lebens, in dem das vor Jahrzehnten Erfahrene aus der Sphäre der Meditation neu empfangen und bis in das Schriftwort verdichtet wurde. Das ist der Sinn des Adler-Symbols. Der Evangelist empfing sein Evangelium aus Adler-Höhen des Geistes als die neue Botschaft der Freiheit, der Freude und des Friedens im Sinne des Auferstandenen.

Zwei Worte des Kirchenvaters Augustinus mögen hier an Stelle langer Ausführungen stehen: «Johannes trank insgeheim aus dem Herzen des Herrn, aber was er insgeheim trank, tat er öffentlich kund» und: «Johannes ist es, der erhabene Dinge verkündet und das innere und ewige Licht mit festen Augen betrachtet. Es sollen ja auch die Jungen der Adler von den Eltern so erprobt werden, daß sie an der Kralle des Vaters in der Schwebe gehalten und den Sonnenstrahlen ausgesetzt werden; wer fest darauf hinschaut, wird als Sohn anerkannt; wenn aber einer mit dem Auge zuckt, wird er gleichsam als unecht von der Kralle fallen gelassen.»[83]

Johannes mit dem Kelch. Ausschnitt aus einem Gemälde des Quentin Massys. Köln, Wallraf-Richartz-Museum

Daß die drei Johannes-Briefe, vor allem der erste, und das Johannes-Evangelium «aus der gleichen, eigenartigen, theologischen Sphäre stammen, ist unumstritten . . .», so Hans Windisch in seinem Kommentar zu den «Katholischen Briefen». «Stilistische Wendungen und sprachliche Eigenheiten weisen geradezu auf Identität des Verfassers hin.» Wir können dem nur beipflichten, denn in den Briefen spricht der gleiche Geist, den wir im Evangelium als den johanneischen kennengelernt haben.

Der 1. Brief beginnt mit starker Betonung der eigenen Zeugenschaft: *Was von Anfang* [ap archés] *an war, was wir gehört haben, was wir mit unsern Augen gesehen haben, was wir geschaut und unsere Hände betastet haben, von dem Worte des Lebens – und das Leben ward offenbart und wir haben es gesehen und bezeugen und verkünden euch das*

Der Adler diktiert dem Johannes. Plastik an der Kathedrale in Chartres

Der Evangelist Johannes. Mosaik in S. Vitale, Ravenna

ewige Leben [tēn zoèn aiónion], *das beim Vater war und uns erschienen ist – das was wir gesehen und gehört haben, das verkündigen wir euch ...* Nicht weniger als dreimal betont der Schreiber, daß er das verkörperte «ewige Leben» mit eigenen Augen gesehen hat. Es folgt die Verkündigung der johanneischen Lehre von Liebe und Licht: *Und dies ist die Botschaft, die wir von ihm gehört haben und euch verkündigen: Gott ist Licht und Finsternis ist nicht in ihm. Wenn wir sagen, daß wir mit ihm Gemeinschaft haben und doch in der Finsternis wandeln, so lügen wir und handeln nicht nach der Wahrheit; wenn wir aber im Lichte wandeln, dann haben wir Gemeinschaft miteinander ...*[84]

Im 2. Kapitel greift Johannes dieses Licht-Liebe-Motiv erneut auf: *... die Finsternis ist im Vergehen und das wahre Licht leuchtet bereits. Wer da sagt, er sei im Licht, und hasset seinen Bruder, der ist noch in der Finsternis. Wer seinen Bruder liebt, der bleibt im Lichte ...*

Licht [phos] und Liebe [agape], die beiden in Einheit wirkenden Offenbarungsströme Jesu Christi, erweisen seinen göttlichen Ursprung und geben dem, der sie aufnimmt, das ewige Leben. Mag es auch heute in einer «pluralistischen» Welt als zu einfach erscheinen: die Botschaft des greisen Johannes aus Ephesus entstammt höchster und tiefster Herzenseinfalt, wie sie ihm am Ende seines Lebensweges zuteil wurde: *Ihr Lieben, lasset uns untereinander lieben; denn die Liebe ist aus Gott und jeder, der in der Liebe lebt, ist aus Gott geboren und erkennt Gott.*[85]

Der «Alte vom Berge», der Presbyter Johannes, ist zu dem Ziel gelangt, wo Herzenswärme und Geisteshelle, Liebe und Erkenntnis eines sind.

DER TOD DES JOHANNES

Überliefert ist, daß der greise Johannes, wenn er zu seinen Brüdern in den letzten Lebensjahren sprach, sich auf den Satz beschränkte: *Kindlein, habt Liebe zueinander* – und dadurch im substantiellen Sinne höchst wirksam blieb. Denn die gleichen Worte, die aus einem anderen Mund leicht als Phrase oder Pathos hätten empfunden werden können, breiteten um ihn die Sphäre reifer Güte.

Die Johannes-Akten erzählen, daß er am Tag seines Todes noch einmal im engsten Freundeskreis die Feier der Eucharistie beging.

«Er brach das Brot, gab es allen, indem er für jeden der Brüder betete, er möchte der Gnade des Herrn und der heiligsten Eucharistie würdig sein. Gleichermaßen genoß er selbst von dem Brote und sprach: *Auch mir sei mein Teil mit euch,* und *Der Friede sei mit euch, Geliebte.*

Danach wandte er sich zu Bruder Verus und sagte zu ihm: *Nimm einige Männer mit dir mit zwei Körben und Spaten und folge mir.* So gingen sie zur Stadt hinaus vor die Tore, dorthin, wo schon ein anderer Bruder begraben lag. Hier wies er die Helfer an, eine Grube auszuheben. Er selbst begleitete diese Arbeit mit immerwährendem Gebet. Dann legte er seine Obergewänder ab und warf sie wie für eine Lagerstatt in die Tiefe der Grube. Nur mit dem Untergewand bekleidet, erhob er seine Hände und betete. Als er die Worte *Du seist mit mir, Herr Jesus Christus* gesprochen hatte, legte er sich in der Grube, dort wo er seine Gewänder ausgebreitet hatte, nieder und sagte zu seinen Begleitern: *Der Friede sei mit euch, meine Brüder* – und gab mit Freuden den Geist auf.»

EIN SCHLUSSWORT

Suchen wir noch einmal zusammenzufassen, was wir auf den Schicksalsspuren des Evangelisten Johannes gefunden haben. Er gehörte nicht zum Zwölfer-Kreis der Jünger, und doch war er beim Heiligen Mahl am Gründonnerstag nicht nur zugegen, sondern war der *Lieblingsjünger, der an der Brust des Herrn lag*. Sein Weg hat ihn, obwohl er Schriftgelehrter und Führer des Volkes war, zum einsam Suchenden und Fragenden werden lassen. Als solcher entdeckte er Jesus von Nazareth als einen Meister, der über das Dasein Auskunft zu geben wußte. Ihm stellte er die zentrale Frage nach der Gewinnung des unsterblichen Lebens im sterblichen Menschen. Er war der «reiche Jüngling», von dem die Synoptiker berichten. An der Nichterfüllung der Aufforderung Jesu Christi «Folge du mir nach» scheiterte er zunächst. Als Lazarus ging er durch das Nadelöhr von Tod und Auferweckung. Von diesem Augenblick an war er unter allen Menschen der dem Herzen Jesu Christi am nächsten stehende. Darum nahm er teil am Heiligen Mahl, war Augenzeuge der Gefangennahme, auf Golgatha und am Grab. Aus unmittelbarer eigener Erfahrung wurde er zum Verkünder des Auferstandenen. Vor der Zerstörung Jerusalems brachte er die Mutter Jesu nach Ephesus und besuchte die kleinasiatischen Gemeinden. Vermutlich kehrte er dann für kurze Zeit nach Jerusalem zurück und geleitete über Zypern seine beiden Schwestern Martha und Maria nach Südfrankreich in die Gegend der Provence. Vielleicht kehrte er zunächst auf dem Landweg zurück und berührte dabei zum erstenmal Rom. Dann traf ihn in Ephesus das Schicksal der Christenverfolgung unter Domitian. Er wurde nach Rom verschleppt und gefoltert. Da er die Folter überstand, erfolgte seine Verbannung nach Patmos. Hier empfing er die Offenbarung (Apokalypse) und kehrte, freigelassen, wieder nach Ephesus zurück. Im hohen Greisenalter schrieb er dort das Evangelium und auch die drei Briefe.

Durch Johannes ist der christlichen Botschaft ein weltweiter Aspekt verliehen. Von seinem Prolog geht der Geist eines kosmischen Christentums aus, das alle Bezirke der Welt umfaßt. Zugleich aber ist er der Begründer der christlichen Mystik, die das Geheimnis der Gottwerdung des Menschen, das eigentliche Ich-Mysterium, zum Inhalt hat.

So sahen ihn die Maler im Mittelalter: Er, der dem Herzen Jesu Christi am nächsten von allen Menschen war, trägt in seinen Händen vor dem eigenen Herzen den Kelch, in dem die Schlange als Prinzip des Bösen die Verwandlung zum Guten erfährt. Er verwirklichte, was der Evangelist Markus als die große Zukunftshoffnung aller Christen ausspricht: «Und so sie etwas Tödliches trinken, wird es ihnen nicht zum Schaden gereichen.» Wie wir im Vorwort sagten, ist es ein unmögli-

Abendmahl (Ausschnitt). Relief von Antoine de Perrey. 15. Jahrhundert. Zisterzienserinnenkloster Maigrauge, Freiburg (Schweiz)

ches Unterfangen, im herkömmlichen Sinne eine Monographie über Johannes den Evangelisten zu schreiben. Dennoch unternahmen wir den Versuch, das Geheimnis dieses Lebens ein wenig zu enträtseln. Wir sind uns bewußt, wie viele Fragen offengeblieben sind und wieviel nur vermutet werden konnte. Dies betrifft vor allem Einzelheiten. Wenn es gelang, die Sinnhaftigkeit dieses einmaligen Schicksals ein wenig aufzuhellen, so wäre die Absicht erfüllt.

Zum Abschluß sei an das Bild von Matthias Grünewald, den Isenheimer Altar, erinnert. Es bringt zur Darstellung, was sich historisch nie so ereignet haben kann: Johannes der Evangelist und Johannes der Täufer stehen beide unter dem Kreuz, und im Arm des Evangelisten Johannes sehen wir die Mutter Jesu und vor ihm kniend Maria Magdalena. Einer historischen Wahrheit kann es so nicht entsprechen, denn der Täufer war längst enthauptet. Aber offenkundig wollte Grünewald etwas anderes als nur eine historische Begebenheit sichtbar machen. Für ihn ist ein Geist nicht dadurch ausgelöscht, daß der Leib getötet wird. Er sieht den Täufer geistig im Bunde mit Johannes dem Evangelisten, wenn es darum geht, das höchste aller Rätsel, das Mysterium von Golgatha, zu entziffern. Sie beide schließen sich zusammen und werden Verkünder dessen, den sie gemeinsam das *Lamm Gottes* nannten: der eine bei der Taufe am Jordan, der andere in seiner Vision auf Patmos.

Der Isenheimer Altar, von Matthias Grünewald. Colmar,

Museum Unterlinden (Fot. Braun)

ANMERKUNGEN

Abkürzungen:

Evangelium des Johannes = Ev. Joh.
Johannes-Briefe = Joh. Br.
Evangelium des Matthäus = Matth.
Evangelium des Markus = Mark.
Evangelium des Lukas = Luk.

1 Ev. Joh. 1,37
2 Ev. Joh. 3,29–32
3 Ev. Joh. 10,40–41
4 So auch Walter Nigg in «Botschafter des Glaubens» (Olten–Freiburg i. B. 1968).
5 Apostelgeschichte des Lukas Kap. 4,13
6 Matth. 4,18–22; Mark. 1,16–20
7 Mark. 3,17
8 Heilung der Schwiegermutter des Petrus: Petrus, Andreas, Jakobus, Johannes;
Auferweckung des Töchterleins des Jairus: Petrus, Jakobus, Johannes;
Auf dem Berg der Verklärung: Petrus, Jakobus, Johannes;
Auf dem Ölberg: Petrus, Jakobus, Johannes, Andreas;
In Gethsemane: Petrus, Jakobus, Johannes
9 Luk. 10,36–37
10 Luk. 10,42
11 «Legenda aurea» Bd. 1, S. 614f
12 Hermann Beckh spricht in dem 1928 erschienenen Buch «Der kosmische Rhythmus im Markus-Evangelium» von der Identität des reichen Jünglings, von dem Markus im 10. Kapitel berichtet, mit dem Lazarus des Johannes-Evangeliums. Emil Bock in «Cäsaren und Apostel» (Stuttgart 1937) und Karl König in «Die beiden Jünger Johannes» (Stuttgart 1963) machen sich diese These zu eigen, die auch dieser Biographie zugrunde liegt.
13 Mark. 10,17
14 So Matth. 19,25 und Luk. 18,26
15 Ev. Joh., 11. Kapitel
16 Matth. 9,18–26; Mark. 8,22–34; Luk. 8,41–56
17 Mark. 16,9
18 «Legenda aurea» Bd. 1, S. 614f
19 Luk. 7,36–50
20 Origenes lehrt in seinem Buch «Peri Archōn» den dreifachen Schriftsinn: «Dreifältig sollen wir den Sinn der heiligen Schriften in unsere Seele schreiben, damit der Einfältige sich sozusagen am Fleisch der Schrift erbaue – so nennen wir die gewöhnliche Auffassung. Wer aber weiter fortgeschritten ist, der erbaue sich an ihrer Seele; der Vollkommene aber, der denen gleicht, von welchen der Apostel sagt: Weisheit reden wir unter den Vollkommenen, Weisheit aber nicht dieser Welt ...

sondern wir reden Gottesweisheit, der mag sich erbauen an dem geistigen Gesetz, das den Schatten der zukünftigen Güter hat. Denn wie der Mensch besteht aus Leib und Seele und Geist, ebenso ist es mit der Schrift . . .»

21 Ev. Joh. 11,1

22 Siehe Rudolf Steiner: «Das Christentum als mystische Tatsache» (1902; Kapitel «Das Lazarus-Wunder»)

23 Siehe Hans Wohlbold «Mysterienweisheit» und Hans Gsänger «Mysterienstätten der Menschheit»; außerdem Rudolf Steiner «Das Johannes-Evangelium» (Vortragszyklus Hamburg 1908) und «Das Johannes-Evangelium im Verhältnis zu den drei anderen Evangelien» (Vortragszyklus Kassel 1909).
Nachdem schon Robert Eisler Steiners Auffassung der Identität des Evangelisten Johannes mit Lazarus 1935 zitierte, findet sich bei dem evangelischen Theologen Karl August Eckhardt, der im übrigen Steiner mißverstanden hat, der folgende Satz: «Abgesehen von der Nebenfrage, woher der Name stammt, und unbeschadet eines grundsätzlich abweichenden religiösen Verständnisses, das hier aber nicht zur Erörterung steht, haben sich nur Argumente für, keines gegen diese Auffassung Steiners gefunden. Eine um so erstaunlichere Übereinstimmung, als Steiner eine Begründung nach der üblichen wissenschaftlichen Methode verschmäht hat, mir als kritischem Historiker aber die Erkenntniswege anthroposophischer Schau durchaus verschlossen sind.»

24 Brief des Paulus an die Epheser Kap. 5,14

25 Clemens Alexandrinus «Protreptikos» IX, 84

26 Ev. Joh. 11,48–50

27 Ev. Joh. 11,25

28 Ev. Joh. 6,35–48

29 Ev. Joh. 11,25–26

30 Ev. Joh. 12

31 Psalm 118,25–26

32 Sacharja 9,9

33 Ev. Joh. 12,24–25

34 Ev. Joh. 12,35–36

35 Ev. Joh. 13,4f

36 Ev. Joh. 6,53

37 Ev. Joh. 13,16–17

38 Ev. Joh. 1,18

39 Ev. Joh. 13,21–30

40 Ev. Joh. 13,2

41 Ev. Joh. 13,27

42 Ev. Joh. 13,34–35

43 Luk. 22,44

44 Ev. Joh. 18,1–2

45 Ev. Joh. 18,15–16

46 Rudolf Steiner: «Das Johannes-Evangelium», S. 243f

47 Ev. Joh. 19,35

48 Ev. Joh. 19,38–42

49 Ev. Joh. 20,2
50 Ev. Joh. 20,3–7
51 Ev. Joh. 20,11–18
52 Hans Graß: «Ostergeschehen und Osterberichte». Göttingen 1964. S. 185
53 Luk. 24,39
54 Ev. Joh. 20,19–29
55 Luk. 6,19
56 Rudolf Steiner: «Von Jesus zu Christus» [1911], S. 237f
57 Ev. Joh. 20, 30–31
58 Walter Bauer: «Das Johannes-Evangelium». Tübingen 1933. S. 234
59 Ev. Joh. 21,1–14
60 Hermann Beckh: «Der kosmische Rhythmus im Johannes-Evangelium». Basel 1930
61 Beckh, a. a. O., S. 428
62 Ev. Joh. 21,15–23
63 Bauer, a. a. O., S. 238
64 Ev. Joh. 21,19
65 Vgl. die sogenannten «Kleinen Apokalypsen»: Matth. 24, Mark. 13 und Luk. 21
66 Rudolf Meyer: «Die Wiedergewinnung des Johannes-Evangeliums». Stuttgart 1962; Johannes Werner Klein: «Ihr seid Götter. Die Philosophie des Johannes-Evangeliums». Pfullingen 1967; Friedrich Rittelmeyer: «Briefe über das Johannes-Evangelium». Stuttgart 1938
67 Ev. Joh. 21,24–25
68 Siehe Bibliographie: Apokryphe Schriften
69 «Legenda aurea» Bd. 1, S. 616
70 Lukas Moser aus Rottweil, Maler des Tiefenbronner Altars, 1431
71 «Legenda aurea» Bd. 1, S. 622–623
72 a. a. O., S. 624
73 a. a. O., S. 672
74 a. a. O., S. 466
75 Rudolf Steiner: «Wie erlangt man Erkenntnisse der höheren Welten?» (1904)
76 Rudolf Steiner: «Apokalypse des Johannes» (1908) und Emil Bock: «Apokalypse»
77 Ev. Joh. 3,3–5
78 Ev. Joh. 3,6
79 Ev. Joh. 7,44–52
80 Ev. Joh. 19,39–40
81 Ev. Joh. 10,30
82 Psalm 82,6
83 Augustins Werke Bd. V, 36. Vortrag
84 1. Joh. Br. 1,5–7
85 1. Joh. Br. 4,7

ZEITTAFEL

Alle zeitlichen Angaben über das Leben Johannes des Evangelisten beruhen auf Vermutungen. Im Einklang mit der Überlieferung darf angenommen werden, daß er im ersten Jahrzehnt unserer Zeitrechnung geboren wurde und zu Beginn des 2. Jahrhunderts (104?) gestorben ist.

Auch die wichtigsten Daten des Urchristentums lassen sich nicht mit Sicherheit festlegen.

Gaius Iulius Caesar	100–44 v. Chr.
Die jüdischen Könige:	
Herodes der Große	72–4 v. Chr.
Herodes Antipas	4 v. Chr.–39 n. Chr.

Pontius Pilatus, römischer Prokurator (Landpfleger) von	26 bis 36 n. Chr.
Tod des Jakobus und des Johannes, der Zebedäus-Söhne in Jerusalem	44 n. Chr.
Tod des Jakobus, des Herrenbruders, in Jerusalem	62 n. Chr.
Märtyrertod des Petrus und des Paulus in Rom	zwischen 62 und 67
Zerstörung Jerusalems	70 n. Chr.
Tod des Johannes	100–110 (?) n. Chr.

Folge der römischen Kaiser:

Augustus	27 v. Chr.–14 n. Chr.
Tiberius	14–37
Caligula	37–41
Claudius	41–54
Nero	54–68
Galba	68–69
Otho	69
Vitellius	69
Vespasian	69–79
Titus	79–81
Domitian	81–96
Nerva	96–98
Trajan	98–117
Hadrian	117–138

ZEUGNISSE

Origenes (ca. 184–254)

Die vornehmste unter allen heiligen Schriften ist das Evangelium, das vornehmste aber unter den Evangelien ist das des Johannes.

Kommentar zum Johannes-Evangelium (um 230)

Irenäus (2. Jahrh. n. Chr.)

Matthäus verfaßte seine Evangelienschrift bei den Hebräern in hebräischer Sprache, als Petrus und Paulus zu Rom das Evangelium verkündeten und die Kirche gründeten. Nach deren Tode zeichnete Markus, der Schüler und Dolmetscher Petri, dessen Predigt für uns auf. Ähnlich hat Lukas, der Begleiter Pauli, das von diesem verkündete Evangelium in einem Buch niedergelegt. Zuletzt gab Johannes, der Schüler des Herrn, der an seiner Brust ruhte, während seines Aufenthaltes zu Ephesus in Asien das Evangelium heraus.

Gegen die Häresien. 3. Buch

Basilius der Grosse (329–379)

Es ist ja wohl die ganze Offenbarung der Evangelien erhabener als die übrigen Lehren des Geistes, insofern in den letzteren der Herr zu uns durch seine Diener, die Propheten, geredet, in den Evangelien aber er selbst in eigener Person mit uns gesprochen hat. Unter den Evangelisten selbst aber ist der überwältigendste, der für jedes Ohr zu hoch, für jeden Verstand zu erhaben redet, Johannes, der «Donnersohn».

17. Predigt

Augustinus (354–430)

Ich habe euch gesagt, Brüder, daß der heilige Evangelist Johannes sehr hoch fliegt; es ist kaum möglich, ihn mit dem Geiste zu erfassen. Ich muß aber das Geheimnis des so hoch Fliegenden eurer Liebe erklären. Sowohl beim Propheten Ezechiel wie in der Apokalypse desselben Johannes, von dem dieses Evangelium ist, wird ein vierfaches Tier erwähnt, welches vier Gesichter hat, das eines Menschen, eines Rindes, eines Löwen, eines Adlers. Die vor uns die Geheimnisse der heiligen Schriften behandelten, haben sehr häufig unter diesem Tiere oder vielmehr unter diesen vier Tieren die vier Evangelisten verstanden ... Es bleibt noch der Adler; der ist Johannes, der erhabene Dinge verkündet und das innere und ewige Licht mit festen Augen betrachtet. Es sollen ja auch die Jungen der Adler von den Eltern so erprobt werden, daß sie an der Kralle des Vaters in der Schwebe gehalten und den Sonnenstrahlen ausgesetzt werden; wer fest darauf hinschaut, wird als Sohn anerkannt; wenn aber einer mit dem Auge zuckt, wird er gleichsam als unecht aus der Kralle fallen gelassen. Sehet also nunmehr, welch hohe Dinge der reden mußte, der dem Adler verglichen wurde; und dennoch wagen auch wir, die wir auf dem Boden dahinkriechen, schwach und kaum von irgendwelcher Bedeutung unter den Menschen, diese Dinge zu behandeln und zu erklären, und wir meinen, sie entweder fassen zu können durch Nachdenken, oder erfaßt zu werden bei der Erklärung.

Über das Johannes-Evangelium. 36. Vortrag

AMBROSIUS (um 340–397)

So enthält sicherlich die nach Johannes benannte Evangeliumschrift Naturphilosophie. Denn niemand sonst, wage ich zu behaupten, hat mit so erhabener Weisheit die Majestät Gottes geschaut und in eigenartiger Sprache uns erschlossen. Er schwang sich auf über die Wolken, schwang sich auf über die Kräfte des Himmels, schwang sich auf über die Engel und fand «im Anfang das Wort» und schaute «das Wort bei Gott».

Lukas-Kommentar

MARTIN LUTHER (1483–1546)

Das Johannesevangelium ist das einzige, zarte, rechte Hauptevangelium und den anderen dreien weit, weit vorzuziehen und höher zu heben.

Deutsche Bibel

MATTHIAS CLAUDIUS (1740–1815)

Ich habe von Jugend auf gern' in der Bibel gelesen, für mein Leben gern. 's stehn solche schöne Gleichniss' und Rätsel drin, und 's Herz wird einem darnach so recht frisch und mutig. Am liebsten aber les' ich im Sankt Johannes. In ihm ist so etwas ganz Wunderbares – Dämmerung und Nacht, und durch sie hin der schnelle zückende Blitz! 'n sanftes

Abendgewölk und hinter dem Gewölk der große volle Mond leibhaftig! So etwas Schwermütiges und Hohes und Ahndungsvolles, daß mans nicht satt werden kann. 's ist mir immer beim Lesen im Johannes, als ob ich ihn beim letzten Abendmahl an der Brust seines Meisters vor mir liegen sehe, als ob sein Engel mir's Licht hält, und mir bei gewissen Stellen um den Hals fallen und etwas ins Ohr sagen wolle. Ich verstehe lang nicht alles was ich lese, aber oft ists doch, als schwebt' es fern vor mir, was Johannes meinte, und auch da, wo ich in einen ganz dunklen Ort hinein sehe, hab ich doch eine Vorempfindung von einem großen herrlichen Sinn den ich 'nmal verstehen werde.

Paraphrasis Evangelii Johannis

Johann Gottlieb Fichte (1762–1814)

Nur mit Johannes kann der Philosoph zusammenkommen, denn dieser allein hat Achtung für die Vernunft und beruft sich auf den Beweis, den der Philosoph allein gelten läßt: den innern ... Die anderen Verkündiger des Christentums aber bauen auf die äußere Beweisführung durch Wunder, welche, für uns wenigstens, nichts beweiset. Ferner enthält auch unter den Evangelisten Johannes allein das, was wir versuchen und wollen, eine Religionslehre: dagegen das Beste, was die übrigen geben, ohne Ergänzung und Deutung durch den Johannes doch nicht mehr ist als Moral ... Wie es sich mit der Behauptung, daß Johannes die übrigen Evangelien vor sich gehabt und das von ihnen Übergangene nur habe nachtragen wollen, verhalten möge, wollen wir hier nicht untersuchen: nach unserem Erachten wäre sodann der Nachtrag das Beste, und die Vorgänger hätten gerade das, worauf es eigentlich ankommt, übergangen.

Die Anweisung zum seligen Leben. 1806

Friedrich Wilhelm Joseph von Schelling (1775–1854)

Petrus ist mehr der Apostel des Vaters, er blickt am tiefsten in die Vergangenheit. Paulus ist der eigentliche Apostel des Sohnes, Johannes hingegen der wahre Apostel des Heiligen Geistes.

Johannes ist der Apostel der zukünftigen, erst wahrhaft allgemeinen Kirche. Johannes ist der Lieblingsjünger des Herrn, und die Funktion dieses Apostels beginnt mit der Wiederkunft des Herrn, also mit dem letzten Zeitalter der Kirche. Denn: Die der Herr liebt, denen gibt er das Amt des Vollendens!

Philosophie der Offenbarung

Rudolf Steiner (1861–1925)

Man kann den Wert des Johannes Evangeliums nur dann unterschätzen, wenn man es nicht versteht.

Hamburg 1908

Adolf Schlatter (1852–1938)

Wo spricht Johannes zu uns? Daß die Briefe mit dem Evangelium zusammengehören, heiße ich eine Wahrnehmung, die überwältigende Deutlichkeit hat ... Daß die Apocalypse etwas stärker unter dem Einfluß des semitischen Sprachgutes steht, ist unverkennbar. Aber die Berührungen zeigen sich dennoch so beharrlich und sind so umfassend, daß nicht daran gedacht werden kann, daß sich ein jüngerer Johannes bemüht haben soll, den Apocalyptiker bis in alle Feinheiten der sprachlichen Gewöhnung hinein zu studieren und nachzumachen. Ich mache auf die Tatbestände aufmerksam, weil für die Beurteilung des Johannes eine Reihe gewichtiger Erkenntnisse gesichert ist, wenn das johanneische Schrifttum beisammen bleiben muß.

Der Evangelist Johannes. 1930

Friedrich Rittelmeyer (1872–1938)

So zu erzählen, wie Johannes erzählt, ist nur möglich, wenn man die Ereignisse durch viele, viele Jahre hindurch immer wieder «meditiert» hat, so daß von ihnen nur noch der Geist übrig geblieben ist. Jeder, der tiefer eindringt, sieht die Meditation des Evangelisten, das «Behalten und Bewegen» der Worte (Lukas 2,19) wie zum Greifen nahe vor sich. Darum ist umgekehrt das Johannesevangelium das eigentliche Meditationsevangelium und kann nur meditativ in seiner vollen Größe und Tiefe allmählich erschlossen werden.

Briefe über das Johannesevangelium. 1938

Herbert Braun

Für eine Rückfrage nach dem historischen Jesus entfällt das vierte, das Johannes-Evangelium, völlig. Denn dort spricht Jesus in lang ausgesponnenen monologischen Reden. Die Form dieser Reden ist unjüdisch, sie gehört in einen uns bekannten Redetyp nicht palästinensischer, sondern hellenistisch-orientalischer Religion. Diese Redeweise steht zudem, schon der Form nach, in einem klaren Gegensatz zu der Art, wie die drei ersten Evangelien, die sogenannten Synoptiker, Jesus reden lassen ... Der Mensch Jesus kann nicht gleichzeitig so gesprochen haben wie der synoptische und der johanneische Jesus; er sprach nicht wie der johanneische Jesus. Das wird bekräftigt durch den Inhalt der Reden. In den drei ersten Evangelien redet Jesus nur ausnahmsweise von sich selbst. Meist behandelt er Einzelheiten jüdischen Glaubens vor konkreten Einzelgruppen frommer Juden. Der johanneische Jesus dagegen predigt monologisch ohne Bezug zu den konkreten jüdischen Problemen: das von ihm gebrachte Heil und die Gestaltwerdung dieses Heils eben in seiner Person, die Licht und Leben ist und gibt ... Das vierte Evangelium entfällt als Quelle für die Beantwortung der Frage, wer der geschichtliche Jesus von Nazareth war.

Jesus. 1969

Rudolf Meyer

Der Jünger, der unter dem Kreuze zu stehen vermochte, wird auch dem Auferstehungsziele dienen dürfen. Seine Aufgabe steht durchaus im Einklang mit dem Hirtenamt, das dem Petrus übertragen wurde. Aber sie reicht in ihrer Zielsetzung weit darüber hinaus. Denn sie wird erst zu ihrer vollen Entfaltung kommen, wenn die Menschheit in das Zeitalter einer apokalyptischen Erziehung einzutreten beginnt.

Die Wiedergewinnung des Johannes-Evangeliums. 1962

BIBLIOGRAPHIE

1. *Kommentare*

BAUER, WALTER: Das Johannes-Evangelium. Tübingen 1933 (= Handbuch zum Neuen Testament Nr. 6)

BÜCHSEL, F.: Das Evangelium nach Johannes. Göttingen 1934

BULTMANN, RUDOLF: Das Evangelium des Johannes. Berlin 1963

HEITMÜLLER, W.: Das Johannes-Evangelium. Göttingen 1918 (= Die Schriften des NT 4)

LOHMEYER, ERNST: Die Offenbarung des Johannes. Tübingen 1926 (= Handbuch zum Neuen Testament Nr. 16)

MERX, A.: Die vier kanonischen Evangelien nach ihrem ältesten bekannten Texte II, 2 b. Berlin 1911

SCHANZ, P.: Commentar über das Evangelium des hl. Johannes. Tübingen 1885

SCHNACKENBURG, RUDOLF: Das Johannes-Evangelium. I. Teil: Freiburg i. B. 1967; II. Teil: Freiburg i. B. 1970
Die Johannes-Briefe. Freiburg i. B. 1970

SPÖRRI, GERTRUD: Das Evangelium nach Johannes. 2 Tle. Zürich 1950

STRATHMANN, H.: Das Evangelium nach Johannes. Göttingen 1951

TASKER, R. V. G.: The Gospel according to St. John. London 1960

TILLMANN, F.: Das Johannesevangelium. Bonn 1931

WILKENHAUSER, A.: Das Evangelium nach Johannes. Regensburg 1957

WINDISCH, HANS: Die katholischen Briefe [enthalten u. a. die drei Johannes-Briefe]. Tübingen 1930 (= Handbuch zum Neuen Testament Nr. 15)

ZAHN, TH.: Das Evangelium des Johannes. Leipzig–Erlangen 1921

2. *Apokryphe Schriften*

HENNECKE-SCHNEEMELCHER: Neutestamentliche Apokryphe. 2 Bde. 3. Aufl. Tübingen 1959, 1964

MICHAELIS, WILHELM: Die Apokryphen Schriften zum Neuen Testament. Bremen 1956 (= Sammlung Dieterich. Bd. 129)

3. *Urchristentum und Kirchenväter*

Bibliothek der Kirchenväter. München 1914–1931:

Ambrosius.	Bd. I–III
Augustinus.	Bd. I–X
Basilius.	Bd. I–II
Eusebius.	Bd. I
Irenäus.	Bd. I–II
Origenes.	Bd. I–III

Klemens von Alexandrien: Die Teppiche. Übers. Franz Overbeck. Basel 1936

4. Kunst- und Landschaftsführer

Burnis, Theodoritos: Ich war auf der Insel Patmos. Athen 1968
Collection de L'Institut Français d'Athènes: Patmos. Athen 1957
Gréal, J.: Die Basilika von Vézelay. Paris
Gschwind, K.: Der ephesische Johannes und die Artemis Ephesia.
Guide de la Collégiale Saint-Lazare d'Avallon. Auxerre
May, Helmut: Lucas Moser (Tiefenbronner Altar). Stuttgart 1967
Papadopoulos, S.: Das Kloster des Johannes. Theologos.
Planchenault, René: Les tapisseries d'Angers. Paris
Schiller, Gertrud: Die Offenbarung des Johannes (Bamberger Apokalypse). In: Frühmittelalterliche Buchmalerei. Hamburg 1955
Vogade, François [u. a.]: Vézelay und seine Umgebung. Vézelay
Wrenger, Paul Wilhelm: Irische Miniaturen. In: Frühmittelalterliche Buchmalerei. Hamburg 1957

5. Allgemeine Literatur

Beckh, Hermann: Indische Weisheit und Christentum. Stuttgart 1938
Der kosmische Rhythmus im Johannes-Evangelium. Basel 1930
Bengel, Johann Albrecht: Die sieben Sendschreiben. Stuttgart 1937
60 erbauliche Reden über die Offenbarung des Johannis oder vielmehr Jesu Christi. 1748
Bock, Emil: Urchristentum I: Cäsaren und Apostel. Stuttgart 1937
Bouyer, Louis: Das Vierte Evangelium. Salzburg 1968
Cullmann, Oskar: Der johanneische Kreis. Tübingen 1975
Eckhardt, Karl August: Der Tod des Johannes. Berlin 1961
Eisler, R.: Das Rätsel des Johannesevangeliums. In: Eranos-Jahrbuch 3 (1935), S. 323–511
Emmerich, Anna Katharina: Das arme Leben unseres Herrn Jesu Christi
Das bittere Leiden unseres Herrn Jesu Christi. Aschaffenburg 1969
Emminghaus, Jo. H.: Maria Magdalena. Recklinghausen 1964
Frieling, Rudolf: Die Verklärung auf dem Berge. Stuttgart 1969
Agape. Die göttliche Liebe im Johannes-Evangelium. Schriften zur Religionserkenntnis. Stuttgart 1967
Goebel, Robert: Das Evangelium in den vier Evangelien. Theologie und Kultus. Stuttgart
Grass, Hans: Ostergeschehen und Osterberichte. Göttingen 1964
Hirsch, E.: Studien zum vierten Evangelium. Tübingen 1936
Das vierte Evangelium in seiner ursprünglichen Gestalt verdeutscht und erklärt. Tübingen 1936
Hoffmann, G.: Das Johannesevangelium als Alterswerk. Gütersloh 1933
Kelber, Wilhelm: Die Logoslehre. Stuttgart 1958

KLEIN, JOHANNES WERNER: Ihr seid Götter. Die Philosophie des Johannes-Evangeliums. Pfullingen 1967
KÖNIG, KARL: Die beiden Jünger Johannes. Stuttgart 1963
LAUENSTEIN, DIETHER: Der Messias. Stuttgart 1971
LILJE, HANNS: Das letzte Buch der Bibel. Hamburg 1955
MEYER, RUDOLF: Die Wiedergewinnung des Johannes-Evangeliums. Stuttgart 1962
MOMMSEN, THEODOR: Das Weltreich der Cäsaren. Wien–Leipzig 1933
MÜLLER, TH.: Das Heilsgeschehen im Johannesevangelium. Zürich–Frankfurt a. M. 1961
NIGG, WALTER: Botschafter des Glaubens. Olten–Freiburg i. B. 1968
POEPPIG, FRED: Das Johannes-Evangelium. Wien 1961
RAU, CHRISTOPH: Struktur und Rhythmus im Johannes-Evangelium. Stuttgart 1972
RITTELMEYER, FRIEDRICH: Briefe über das Johannes-Evangelium. Stuttgart 1938
SCHLATTER, ADOLF: Der Evangelist Johannes. Stuttgart 1948
SCHULT, ARTHUR: Das Johannes-Evangelium als Offenbarung des kosmischen Christus. Remagen 1965
SPÖRRI, ROBERT: Vom Geiste des Urchristentums. Basel 1941
Vom Untergang des urchristlichen Geistes. Basel 1943
STÄHLIN, W.: Das johanneische Denken. Witten/Ruhr 1954
STEINER, RUDOLF: Das Christentum als mystische Tatsache und die Mysterien des Altertums. Berlin 1902
Das Johannes-Evangelium. Hamburg 1908
Apokalypse des Johannes. Nürnberg 1908
Das Johannes-Evangelium im Verhältnis zu den drei anderen Evangelien. Kassel 1909
Von Jesus bis Christus. Karlsruhe 1911
VORAGINE, JACOBUS DE: Legenda aurea. Deutsch von Richard Benz. Jena 1925
WAGNER, REINHARD: Die Gnosis von Alexandria. Stuttgart 1968

6. *Mysterienweisheit und griechische Philosophie*

GSÄNGER, HANS: In der Reihe «Mysterienstätten der Menschheit»: Die Externsteine. Delphi. Samothrake. Eleusis. Ephesos. Golgatha. Freiburg i. B. 1959–1966
HIEBEL, FRIEDRICH: Die Botschaft von Hellas. Bern 1953
JAEGER, WERNER: Die Theologie der frühen griechischen Denker. Stuttgart 1964
KASSNER, RUDOLF: Platons Phaidon. Jena 1920
KIEFER, OTTO: Platons Timaios / Kritias / Gesetze. Jena 1920
NESTLE, WILHELM: Die Sokratiker. Jena 1922
Die Vorsokratiker. Jena 1922
WOHLBOLD, HANS: Mysterienweisheit. München 1927

APPOLD, MARK L.: The oneness motif in the Fourth Gospel. Motif analysis and exeget, probe into the theology of John. Tübingen 1976. (Wissenschaftliche Untersuchungen zum Neuen Testament. Reihe 2,1)

BARNES, ARTHUR S.: Christianity at Rome in the apostolic age. Westport, Conn. 1971

BEUTLER, JOHANN: Martyria. Traditionsgeschichtliche Untersuchungen zum Zeugnisthema bei Johannes. Frankfurt a. M. 1972. (Frankfurter theologische Studien. Bd. 10)

CHARLESWORTH, JAMES H. (ed): John and Qumran. London 1972

CHMIEL, JERZY: Lumière et charité d'après la Première Épître de Saint Jean. Rome 1971. (Studia ecclesiastica. 10. Biblica. 2. Dissertationes. 9)

COURT, JOHN M.: Myth and history in the Book of revelation. London 1979

CULLMANN, OSCAR: Der Johanneische Kreis. Sein Platz im Spätjudentum, in der Jüngerschaft Jesu und im Urchristentum. Zum Ursprung des Johannesevangeliums. Tübingen 1975

ECKLE, WOLFGANG: Geist und Logos bei Cicero und im Johannesevangelium. Eine vergleichende Betrachtung d. «Somnium Scipionis» und der Johanneischen Anschauung vom Abstieg und Aufstieg des Erlösers. Hildesheim 1978. (Spudasmata. 36)

FESTUGIÈRE, ANDRÉ-J.: Observations stylistiques sur l'évangile de Saint Jean. Paris 1974. (Études et commentaires. 84)

FEUILLET, ANDRÉ: Le Sacerdoce du Christ et de ses ministres. Paris 1972

FOUGÈRE, PAUL: Patmos: ou, La lumière de l'Apocalypse. Paris 1975

FREY, HELLMUTH: Das Ziel aller Dinge. Das letzte Wort d. Erhöhten an seine angefochtene Gemeinde. Seelsorgerliche Auslegung der Offenbarung des Johannes. 4., überarb. Aufl. Bad Liebenzell 1977. (Telos. 1907)

HAACKER, KLAUS: Die Stiftung des Heils. Untersuchungen zur Struktur der johanneischen Theologie. Stuttgart 1972. (Arbeiten zur Theologie. Reihe 1, 47)

JOERNS, KLAUS PETER: Das hymnische Evangelium. Untersuchungen zu Aufbau, Funktion und Herkunft der hymnischen Stücke in der Johannesoffenbarung. Gütersloh 1971. (Studien zum Neuen Testament. Bd. 5)

KRAFT, HEINRICH: Die Offenbarung des Johannes. Tübingen 1974. (Handbuch zum Neuen Testament. 16a)

LEISTNER, REINHOLD: Antijudaismus im Johannesevangelium? Bern 1974. (Theologie und Wirklichkeit. 3)

LORENZEN, THORWALD: Der Lieblingsjünger im Johannesevangelium. Stuttgart 1971. (Stuttgarter Bibelstudien. 55)

MAHONEY, ROBERT: Two disciples at the tomb. The background and message of John 20,1–10. Bern 1974. (Theologie und Wirklichkeit. 6)

OLSSON, BIRGER: Structure and meaning in the Fourth Gospel. A text-linguistic analysis of John 2,1–11 and 4,1–42. Lund 1974. (Coniectanea bilica. New Testament series. 6)

PANCARO, SEVERINO: The law in the fourth gospel. The Torah and the gospel. Moses and Jesus, Judaism and christianity according to John. Leiden 1975. (Novum testamentum. Suppl. 42)

PORSCH, FELIX: Pneuma und Wort. Ein exegetischer Beitrag zur Pneumatologie des Johannesevangeliums. Frankfurt a. M. 1974. (Frankfurter theologische Studien. 16)

REIM, GÜNTER: Studien zum alttestamentlichen Hintergrund des Johannesevangeliums. London 1974. (Monograph series. Soc. for New Testament Studies. 22)

RENGSTORF, KARL HEINRICH (Hg.): Johannes und sein Evangelium. Darmstadt 1973. (Wege der Forschung. 82)

RICHTER, GEORG: Studien zum Johannesevangelium. Regensburg 1977. (Biblische Untersuchungen. 13)

RIEDL, JOHANNES: Das Heilswerk Jesu nach Johannes. Freiburg, Basel, Wien 1973. (Freiburger theologische Studien. Bd. 93)

RUPERTUS TUITIENSIS: Lesungen über Johannes. Der geistige Sinn seines Evangeliums. Bd. 1: 1–7. Buch; Bd. 2: 8–14. Buch. Trier 1977. (Occidens. 1)

SCHNEIDER, JOHANNES: Das Evangelium nach Johannes. Berlin 1976. (Theologischer Handkommentar zum Neuen Testament. Sonderband)

SCHNIDER, FRANZ: Johannes und die Synoptiker. Vergleich ihrer Parallelen. München 1971. (Biblische Handbibliothek. Bd. 9)

SCHUESSLER FIORENZA, ELISABETH: Priester für Gott. Studien zum Herrschafts- und Priestermotiv in der Apokalypse. Münster 1972. (Neutestamentliche Abhandlungen. N. F. Bd. 7)

SOLAGES, BRUNO DE: Jean et les synoptiques. Leiden 1979

STEMBERGER, GÜNTER: La Symbolique du bien et du mal selon Saint Jean. Paris 1970

STOLZ, BENEDIKT: Johannes auf Patmos. Die heilige Insel der Christenheit. Stein am Rhein 1971

WENGST, KLAUS: Der erste, zweite und dritte Brief des Johannes. Gütersloh 1978. (Ökumenischer Taschenbuchkommentator zum Neuen Testament. 16)

NAMENREGISTER

Die kursiv gesetzten Zahlen bezeichnen die Abbildungen

ÜBER DEN AUTOR

Johannes Hemleben, Jahrgang 1899. Studium der Naturwissenschaften. 1922 Promotion mit einer Arbeit über pflanzliche Genetik. Nach einigen Jahren wissenschaftlicher Tätigkeit: Wechsel in die Theologie und Eintritt in die anthroposophisch orientierte Christengemeinschaft, Berufsverbot unter dem Nazi-Regime. Seit 1949 von Hamburg aus Lenker in der Christengemeinschaft. Bemühung um eine Synthese von Religion, Naturwissenschaft und Philosophie. Vortragsreisen in Mitteleuropa und Skandinavien. Erste Publikation: «Symbole der Schöpfung», 1930. Seit 1963 für «rowohlts monographien»: Rudolf Steiner, Ernst Haeckel, Pierre Teilhard de Chardin, Charles Darwin, Galileo Galilei und Johannes Kepler sowie eine Biographie des Paracelsus (1973). Johannes Hemleben starb 1984.

QUELLENNACHWEIS DER ABBILDUNGEN

Fot. Walter Steinkopf, Berlin: 39 / Anderson, Rom: 54, 58 / Fot. Bockemühl: 76/77 / Fot. Gsänger: 78 / Fot. Dr. Fiechter: 84 / Hirmer-Verlag, München: 86 / Emil Fink Verlag, Stuttgart: 91 / Fot. Kirchhoff, Stuttgart: 92 / Rheinisches Bildarchiv, Köln: 132 / Rowohlt Archiv: 43, 51, 56, 60 / Braun et Cie., Mulhouse-Dornach: 140, 141 / Fot. Hemleben: 34 unten / Christopherus-Verlag Herder, Freiburg i. B. (Fot. Benedikt Rast, Freiburg i. Ue.): 138

Alle übrigen Bildvorlagen besorgte der Verfasser.

Religion

rowohlts monographien
Begründet von Kurt Kusenberg, herausgegeben von Wolfgang Müller und Uwe Naumann.

Dietrich Bonhoeffer
dargestellt von
Eberhard Bethge
(50236)

Martin Buber
dargestellt von
Gerhard Wehr
(50147)

Ulrich von Hutten
dargestellt von
Eckhard Bernstein
(50394)

Jesus
dargestellt von David Flusser
(50140)

Johannes der Evangelist
dargestellt von
Johannes Hemleben
(50194)

Johannes XXIII.
dargestellt von
Helmuth Nürnberger
(50340)

Martin Luther
dargestellt von
Hans Lilje
(50098)

Martin Luther King
dargestellt von Gerd Presler
(50333)

Meister Eckhart
dargestellt von
Gerhard Wehr
(50376)

rowohlts monographien

Mohammed
dargestellt von
Émile Dermenghem
(50047)

Moses
dargestellt von André Neher
(50094)

Paulus
dargestellt von
Claude Tresmontant
(50023)

Albert Schweitzer
dargestellt von
Harald Steffahn
(50263)

Simone Weil
dargestellt von
Angelika Krogmann
(50166)

Ein Gesamtverzeichnis der Reihe *rowohlts monographien* finden Sie in der *Rowohlt Revue*. Vierteljährlich neu. Kostenlos in Ihrer Buchhandlung.
Rowohlt im Internet:
www.rowohlt .de

4500/7